Papst Franziskus

Die Kraft der Berufung

Papst Franziskus

Die Kraft der Berufung

Das geweihte Leben heute

Ein Gespräch mit Fernando Prado CMF

Aus dem Spanischen von Claudia Kock

HERDER

FREIBURG · BASEL · WIEN

Titel der Originalausgabe:
Papa Francisco. La fuerza de la vocación. La vida consegrada hoy.
Una conversación con Fernando Prado
© Publicaciones Claretianas, 2018

Deutschsprachige Ausgabe:
© Verlag Herder GmbH, Freiburg im Breisgau 2018
Alle Rechte vorbehalten
www.herder.de

Satz: Daniel Förster, Belgern
Herstellung: CPI books GmbH, Leck

Printed in Germany

ISBN Print 978-3-451-38928-3
ISBN E-Book 978-3-451-81654-3

»Man kann das Leben nur rückwärts verstehen,
aber leben muss man es vorwärts.«

Søren Kierkegaard

Für meine Ordensbrüder und für alle,
die Arbeit und Ideale im Claretiner-Verlag
mit mir teilen.

INHALT

EINLEITUNG

Schon lange hat Papst Franziskus die Angst vor Interviews verloren. Es war Francesca Ambrogetti[1], die ihm die Augen geöffnet und ihn überzeugt hat, dass seine Worte mehr Gutes tun können als sein Schweigen. Seit seiner Wahl auf den Stuhl Petri hat Franziskus schon mehrere Interviews gegeben. Ehrlich gesagt waren es nicht viele, wenn man jene Gelegenheiten nicht mitzählt, bei denen der Papst sich auf den Apostolischen Reisen im Flugzeug »schutzlos« den Fragen der Journalisten aussetzt. Bei diesen Gelegenheiten, die spontane Antworten verlangen, kann Franziskus schnell missverstanden werden. Er nimmt dieses Risiko als Teil seiner Hirtentätigkeit auf sich. Die Journalisten ihrerseits schätzen es, denn im Grunde wissen sie, dass es auch eine aufrichtige Wertschätzung ihrer Arbeit darstellt.

Franziskus ist sich bewusst, dass die Medien seine Worte aufbauschen, und versteht daher die Fragen der Journalisten und die Interviews, wie er sagt, als »Teil der Kommunikation meines Dienstes«.[2] Interviews haben für Franziskus einen rein pastoralen Wert, und er weiß, dass er – über alle notwendige kluge Umsicht hinaus – das Risiko eingehen muss, sich vertrauensvoll zu öffnen, um mit seinem Wort Gutes zu tun.

Die Begegnungen mit der Presse und die Interviews sind für ihn eine Form, sich ins Gespräch der Menschen einzumischen, in dem Stil, wie Jesu es mit den Emmausjüngern getan hat. In den Interviews und Gesprächen mit dem Papst tritt der Dialog der Kirche mit den Menschen unserer Zeit zutage.

Meine Beziehung zu Papst Franziskus entstand durch das Verlagswesen. Sie begann wenige Monate, nachdem der Papst seine »neue Diözese« übernommen hatte. Ich stellte mich ihm vor, um ihm die spanischen Ausgaben einiger seiner Bücher zu zeigen, die zuvor im Claretiner-Verlag in Buenos Aires erschienen waren. Danach fanden weitere Begegnungen statt. Und als die Beziehung enger wurde, kam mir die Idee, ihn um ein Treffen zu bitten, um ihn zu interviewen. Ich stellte mir dieses Interview als ein Gespräch vor, in dem seine »Seele als gottgeweihte Person« ans Licht kommen sollte. Sein Wort würde nützlich sein für die vielen Menschen, die wie wir Jesus auf diese besondere Weise nachfolgen.

Anlässlich der Feier des Jahres des geweihten Lebens schrieb Franziskus ein *Apostolisches Schreiben an die geweihten Personen*, das so begann:

»Ich schreibe an euch als Nachfolger des Apostels Petrus, dem Jesus, der Herr, die Aufgabe anvertraut hat, die Brüder im Glauben zu stärken, und ich schreibe an euch als euer Bruder, der wie ihr Gott geweiht ist.«[3]

Genau an diesem Abend hatte ich die Eingebung, dass das Interview dazu dienen sollte, diese Dimension von Franziskus' Dienst als Nachfolger Petri, der zu seinen Brüdern spricht, deutlich zu machen.

Seit den Jahren des Zweiten Vatikanischen Konzils, in denen das Dekret *Perfectae caritatis* den Beginn eines offenen Aktualisierungsprozesses kennzeichnete, haben die Institute des geweihten Lebens und die Gesellschaften apostolischen Lebens, »indem sie [...] den Richtlinien des Lehramtes der Kirche gefolgt sind, [...] einen fruchtbaren Weg der Erneuerung zurückgelegt«.[4]

Diese Bilanz des nachkonziliaren Weges zog der heilige Johannes Paul II. wenige Monate vor seinem Tod. Die Kongregationen wollten in all diesen Jahren ihren Weg den neuen Notwendigkeiten anpassen: der veränderten Weltlage, den Herausforderungen der Globalisierung, der Interkulturalität des eigenen Ordenslebens, der Notwendigkeit einer korrekten Inkulturation des Charismas, der Ausbildung der neuen Generationen, der gemeinsamen Sendung, den Umstrukturierungsprozessen ...

Natürlich ist dem geweihten Leben der Weg zur »Anpassung an die veränderten Zeitverhältnisse«[5] nicht immer genau so gelungen, wie das Konzil es aufgezeigt hatte. Zweifellos hätten viele Brüder und Schwestern flexibler sein können, was die Konflikte mit einigen Hirten betrifft, um die Gemeinschaft zu fördern. Aber oft ist er auch gelungen. Dennoch fehlten auch jene, die »kollektive Beerdigungen« voraussahen, ebenso wenig wie die »Unheilpropheten«, wie Benedikt XVI. weise anmerkte.[6]

So habe ich Mitte Mai den Schritt gewagt, Papst Franziskus um ein Treffen zu bitten. Der Plan war von Anfang an klar: Das Interview sollte einzig und allein dazu dienen, über das geweihte Leben zu sprechen. Ich habe ihm vorgeschlagen, die Begegnung eventuell im August stattfinden zu lassen. Zu meiner freudigen Überraschung antwortete mir der Papst schon nach weniger als 48 Stunden mit einer Zusage und schlug mir ein konkretes Datum und eine Uhrzeit vor.

Franziskus hat mich nicht gebeten, ihm die Fragen im Voraus zu senden. Das verstand ich als Hinweis darauf, dass er lieber ein offenes Gespräch führen wollte, von Angesicht zu Angesicht, auf Augenhöhe. Das Gespräch würde so zweifellos lebendiger werden. Franziskus mag keine starren Formeln, und daher versucht er, spontan und verständlich zu antworten und keine Lektion oder Vorlesung zu halten. So kann er seinen pastoralen, einfachen und klaren Ton aufrechterhalten, den er selbst ebenso mag wie seine Zuhörer.

In den Monaten vor dem Interview haben wir im Verlag alle Texte und Ansprachen zusammengesucht, die Franziskus seit dem Beginn seines Pontifikats an das geweihte Leben gerichtet hatte. Ich hatte alles verfolgt, was er bei verschiedenen Gelegenheiten an uns geweihte Personen gesagt hatte, aber es war notwendig, diese Texte noch einmal gründlich durchzuarbeiten, um die Begegnung gut vorzubereiten.

Ich kam im Gästehaus *Casa Santa Marta* mit einer Reihe von Fragen an, die ich dem Gesprächsverlauf entsprechend immer neu formulierte und anpasste. Am Ende kam dieses liebenswerte und brüderliche Gespräch heraus, in dem Franziskus in seinem reinen Wesen aufscheint, mit all seiner Tiefe, ohne seine Spontanität und Nähe zu verlieren. Natürlich kommen in einem solchen Gespräch viel mehr Dinge zum Vorschein als jene, die ich mit Worten wiedergeben konnte. Es ist nicht einfach, dem Leser seine Blicke und Gesten zu vermitteln, oder seine Stimme, mit der er im Gespräch bestimmte Dinge betont. Es ist nicht einfach, seinen regen Geist wiederzugeben, seine Zärtlichkeit, mit der er Menschen Wertschätzung entgegenbringt, oder seine Nähe, durch die er dich eine gewisse Kameradschaft spüren lässt.

In Franziskus zeigt sich eine komplexe, vielseitige, glaubwürdige und authentische Persönlichkeit. Auf diesen Seiten zeigt Franziskus sich als Bruder und Weggefährte, vor allem aber als weiser Vater, der aus seinen eigenen charismatischen Wurzeln heraus dazu einlädt, unterwegs zu sein, ohne Furcht, und auf die Zukunft zu blicken. Ich hoffe, dass alle, die dieses Buch lesen, auf seinen Seiten das entdecken mögen, was ich gespürt habe: Hinter seinen Worten spricht Petrus, der seine Brüder im Glauben stärkt.

Die Kraft der Berufung

Es herrscht eine drückende Hitze. Das ist normal zu dieser Jahreszeit, Mitte August: *Ferragosto*, die wohl heißesten Sommertage in der Ewigen Stadt. Es ist drei Uhr nachmittags. Zu dieser Stunde steht die Sonne praktisch im Zenit.

Der Heilige Vater hat mich für vier Uhr nach *Santa Marta* bestellt, und ich möchte etwas vorher da sein, um ihn nicht außer Atem oder mit schweißnassen Händen zu begrüßen. Außerdem hatte Franziskus mich daran erinnert, dass ich die vorgeschriebenen Kontrollen am Tor neben dem *Santo Uffizio* passieren muss, um Zutritt zu *Santa Marta* zu bekommen. Ich betrete die Residenz des Papstes nicht zum ersten Mal und weiß, was mich erwartet. Ich möchte lieber rechtzeitig da sein für den Fall, dass irgendetwas Unvorhergesehenes geschieht, und mich ein wenig auf dem Petersplatz aufhalten.

So mache ich mich also auf zum Vatikan, zu Fuß. Ohne Eile, in aller Ruhe. In der sengenden Hitze gehe ich durch die Straßen, etwas gedankenverloren und nervös. Vom Claretinerkonvent *Santa Lucia del Gonfalone* in der *Via dei Banchi Vecchi* braucht man nur fünf Minuten, um den Tiber zu überqueren und zum Petersplatz zu gelangen. Viele Gedanken kommen und gehen, vom Herzen zum Kopf und umgekehrt. Ich bin mir bewusst, dass diese erneute Begegnung mit Franziskus für mich etwas Besonderes sein wird, aber ich möchte sie nicht für mich selbst in Beschlag nehmen. Ich möchte sie genießen in dem klaren Bewusstsein, dass sie einfach nur ein weiterer Dienst ist, den ich meinen geweihten Brüdern und Schwestern leisten kann.

Zwei Monate zuvor hatte ich es gewagt, beim Papst um die Möglichkeit einer Begegnung mit ihm anzufragen, um »einzig und allein« über Fragen zu sprechen, die mit dem geweihten Leben verbunden sind. Weil er selbst es erwähnt hat,[7] weiß ich, dass er in Buenos Aires Interviews eher vermieden hatte, weil er nicht wenige Male das Gefühl hatte, dass seine Antworten falsch interpretiert wurden, und das hatte ihm einige Probleme verursacht. Seine Antwort blieb also abzuwarten. Die Frucht des Gesprächs sollte als eigenes Buch veröffentlicht werden und auch als Vorwort zu einer spanischen Anthologie seiner lehramtlichen Beiträge zum Thema des geweihten Lebens vom Beginn seines Pontifikats dienen. So hatte ich es ihm vorgeschlagen, und zu meiner freudigen Überraschung nahm Franziskus diesen Vorschlag gerne an.

Es ist der 9. August. Von meinem Platz neben dem Obelisken, umgeben von Berninis majestätischen Kolonnaden, betrachte ich die vor mir liegende Basilika und bewundere die Schönheit dieses großen Symbols der Christenheit. Sie ist das Zentrum der katholischen Kirche. Hier lebt Petrus, der Fels. Und Petrus ist heute Franziskus, der mit aller Autorität von Rom her in der Universalkirche den »Vorsitz in der Liebe« hat. Den Medien entnehmen wir, dass er der wohl wichtigste Mensch im gegenwärtigen Weltgeschehen ist. Seine geistliche Führungsrolle auf globaler Ebene ist unbestreitbar. Und ich denke an ihn, an das, was er darstellt, an das, was in der Welt und in der Kirche geschieht. Die Verantwortung, an der Spitze einer Institution wie dieser zu stehen, die bereits über 2.000 Jahre alt ist, ist zweifellos beeindruckend. Nicht jeder wäre in der Lage, diese Verantwortung zu tragen. Ich bin überwältigt bei dem Gedanken, dass ich ihm gleich gegenübersitzen werde, um ein Interview zu führen, von dem ich im Grunde lieber möchte, dass es ein Gespräch sein soll.

Mein Freund Pedro Blasco, ein sehr erfahrener Journalist, freute sich sehr über diese Gelegenheit, die sich mir bot. Einige Tage zuvor, als ich ihm erzählte, dass ich nach Rom gehen würde, hatte er zu mir gesagt, dass Papst Franziskus seiner Meinung nach die bedeutendste Persönlichkeit des beginnenden 21. Jahrhunderts sei – vergleichbar mit Johannes Paul II. und Fidel Castro, den großen Persönlichkeiten des ausgehenden 20. Jahrhunderts. Und dieser Gedanke, der mir den ganzen Tag durch den Kopf ging, trug nicht gerade zu meiner Beruhigung bei.

Eine Begegnung von einigen Stunden mit Papst Franziskus würde auch für mich eine Art »Journalistische Promotion« sein, der Höhepunkt jener beruflichen Laufbahn, die ich bereits vor über 25 Jahren, vor meinem Eintritt in das Noviziat, durch mein Studium an der Universität mit viel Idealismus begonnen hatte. Wie die Zeit vergeht! In der Nacht hatte ich fast kein Auge zugetan – und zwar nicht nur wegen der römischen Hitze oder der lärmenden Musik, die bis fast zwei Uhr nachts durch mein Fenster hereindrang. Seit der Papst meinen Brief mit einer Zusage beantwortet hatte, lastete eine gewisse Unruhe auf mir, ob ich tatsächlich in der Lage sein würde, das Vertrauen, das er in mich gesetzt hatte, nicht zu enttäuschen.

Obgleich ich den Morgen ruhiger verbracht, mich mit einigen Ordensbrüdern unterhalten und Buchhandlungen besucht habe, bin ich ziemlich nervös. Der Augenblick ist gekommen. Nachdem ich eine Weile auf dem Petersplatz gesessen habe, atme ich tief ein und gehe zum Tor, das zu *Santa Marta* führt.

***

Seit meinem ersten Besuch bei Papst Franziskus im Jahr 2013 haben sich am Eingang nach und nach einige Dinge verändert. Die Sicherheitsvorschriften sind strenger geworden; jetzt muss man mehr Kontrollen passieren. Ein Schweizergardist, bekleidet mit der Uniform, die Michelangelo persönlich vor Jahrhunderten entworfen hat, salutiert und bittet mich, meinen kleinen Rucksack durch den Sicherheitsscanner passieren zu lassen. Ich habe nichts weiter als einen Fotoapparat, ein Notizbuch und ein kleines Aufnahmegerät dabei, die ich bei der Begegnung benutzen möchte.

Nachdem ich die Kontrolle passiert habe, gehe ich auf *Santa Marta* zu. An der Außentür angekommen, durchströmt mich das ruhige Gefühl, dass ich in das Haus des Papstes eintrete, also in das Haus von jemandem, der in erster Linie auch mein Vater ist. Genau das bedeutet das Wort »Papst« ja. Ich werde mit ihm zusammen sein, ein freundliches Gespräch mit ihm führen über ein Thema, das uns am Herzen liegt, über eine Lebenswirklichkeit, die wir beide zutiefst lieben. So haben wir es vereinbart. Das Interview soll ein freundliches Gespräch sein, bei dem es einzig und allein um das Thema geht, das ich ihm vorgeschlagen habe. Außerdem ist es nicht das erste Mal, dass ich mich unter ähnlichen Umständen mit ihm treffe. Der Papst kennt mich bereits und weiß von mir. Am Vorabend seiner Apostolischen Reise nach Chile habe ich mit ihm ein langes Gespräch geführt, bei dem auch Pater Antonio Spadaro anwesend war. Bei dieser Gelegenheit haben wir lange und ausführlich über die Verlagsarbeit gesprochen sowie über aktuelle kirchliche und auch politische Fragen, die mein Heimatland Spanien betreffen. Aus diesem reichen Austausch habe ich viel gelernt.

In Franziskus bin ich einem Vater, einem Bruder, einem Freund begegnet. Ich erinnere mich, dass ich damals zu Franziskus gesagt habe, dass ich nicht wüsste, wie man sich gegenüber einem Papst verhält. Ich wusste nicht, wie ich ihn ansprechen sollte. Ich merkte, dass der Umgang vertraut sein würde, denn als ich das Zimmer betrat, half mir der Papst selbst, die Jacke abzulegen und forderte mich auf, mich in einen Sessel neben ihn zu setzen, um miteinander zu sprechen.

Diesmal ist das Gefühl ähnlich, aber jetzt fühle ich mich plötzlich entspannter, ruhiger – trotz der großer Hitze. Es ist Viertel vor vier. Nachdem ich zwei oder drei Minuten in einem angenehm kühlen Raum im Erdgeschoss des Hauses gewartet habe, sagt einer der Schweizergardisten, die für die Sicherheit zuständig sind – er trägt einen Anzug –, dass Franziskus mich im zweiten Stock erwartet. Die Aufzugtür öffnet sich, und Franziskus steht dort und erwartet mich. Er begrüßt mich, und ich küsse seine Hand mit Freude. Ich bin dankbar, dass er sich die Mühe macht, mich an einem so heißen Tag zu empfangen, um vier Uhr nachmittags, inmitten von vielen wichtigen Dingen, die er gewiss zu erledigen hat. Ich überbringe ihm Grüße von einigen gemeinsamen Bekannten und Freunden, und er fordert mich auf, einzutreten. An der Tür zu seiner Wohnung hängt noch immer das Schild, auf dem steht: *Vietato lamentarsi* (Jammern verboten) – ein Slogan, den der italienische Psychologe Salvo Noè vor fast einem Jahr durch sein Buch populär gemacht hat.

Der Papst schließt die Tür, und wir setzen uns in das kleine Empfangszimmer, das zu seiner Wohnung gehört. Es ist ein einfacher Raum mit mehreren Bildern, die an der Wand hängen, einem niedrigen Tisch mit dazugehörigen Sesseln und einigen Gegenständen, die den Raum dekorieren. Sie sind geschmackvoll arrangiert. Linker Hand steht ein kleiner Kühlschrank, in dem sich Flaschen mit kaltem Wasser befinden. Der Papst fordert mich auf, mich dort zu bedienen. Im Augenblick habe ich keinen Durst. Während ich das Aufnahmegerät und das Notizheft auspacke, sage ich zu ihm, dass ich viele Fragen vorbereitet habe. Einige von ihnen seien vielleicht etwas kompromittierend, er solle sich jedoch frei fühlen in seinen Antworten. Ich bitte ihn, dass er, falls eine Frage ihm unangenehm sein sollte, nicht zögern solle, es mir zu sagen. Wir würden dann zur nächsten Frage übergehen.

»Ist gut«, sagt Franziskus. »Fangen wir an.«

Während ich das Aufnahmegerät vorbereite, sage ich zu Franziskus, dass die erste Frage dazu dienen soll, »das Eis zu brechen«: Er soll seine Erinnerung durchforsten nach geweihten Personen, denen er begegnet ist. Dort werden wir beginnen. Ich drücke auf *Play* und schalte auch die »Sprachmemos« auf meinem Mobiltelefon ein. »Vergessen Sie diese Apparate, Heiliger Vater. Sie werden die ganze Zeit über da sein, aber wir werden sie im Laufe des Gesprächs nicht berühren.« Und ich beginne mit der ersten Frage.

Ein geweihtes Leben, das zum Nachdenken bringt

Welche Gedanken und Gefühle kommen in Ihnen hoch, wenn Sie an das geweihte Leben denken, das Sie kennengelernt haben, das Sie gelebt haben, das Sie heute sehen …?

[Franziskus sieht mich nachdenklich an und sagt, dass er besonders jene geweihten Personen sehr bewundert, die hart arbeiten.]

Ich meine jene Priester, Ordensschwestern und Ordensbrüder, die in irgendeinem Randgebiet tätig sind, auch wenn es vielleicht mitten in der Stadt liegt. Jene geweihten Personen, die keine Ansprüche stellen, die keinen Lärm machen, sondern arbeiten, ohne sich selbst wichtig zu nehmen. Jene, die die Theologie des geweihten Lebens betreiben, indem sie sie leben, indem sie sie beten: jene Menschen, die so etwas wie eine Grunddemut besitzen. Es sind hart arbeitende Menschen, und sie nehmen ihr Leben als Geweihte sehr ernst, im Bildungsbereich ebenso wie in den Pfarreien, in den Krankenhäusern, in den Missionen oder wo auch immer sie im Dienst der anderen tätig sind. Es sind wirklich Menschen, die sich *verausgaben*, ohne auf sich selbst zu schauen. Sie geben alles mit vollen Händen.

Erinnern Sie sich an irgendeinen speziellen Fall?

Ich kenne viele Fälle.

[Dann erzählt er mir die Geschichte einer Ordensfrau, die er in der Zentralafrikanischen Republik kennengelernt hat, auf seiner Apostolischen Reise zum Beginn des Jahres der Barmherzigkeit.]

An einem der beiden Tage, die ich da war, kam eine Ordensfrau mit einem kleinen Mädchen zu mir, das etwa drei Jahre alt war. Sie dankte mir, dass sie sich mit mir treffen durfte. Die Ordensfrau war 84 Jahre alt, aber sie war sehr energisch, sehr jugendlich. Man merkte, dass sie eine Frau voller Lebenskraft und Energie war. Sie erklärte mir, dass sie nicht von dort war, sondern aus dem Kongo. Sie kam einmal die Woche mit einem Kanu, um Einkäufe zu machen und viele Dinge zu erledigen, weil es dort billiger war. Stell dir vor: Eine 84-jährige Ordensschwester auf dem Fluss im Kanu. Unglaublich! Sie erzählte mir, dass sie im Krankenhaus arbeite, auf der anderen Seite, im Kongo, und dass sie Hebamme sei. Ich glaube, mich zu erinnern, dass sie mir erzählt hat, sie sei seit ihrer Ankunft bei über 3.000 Geburten dabei gewesen. Sie war seit über 60 Jahren in der Mission. Bei der Geburt des Mädchens, so berichtete sie mir, gab es Komplikationen, und die Mutter starb. »Die Mutter war so gut gewesen, dass ich fühlte, dass Gott mich bat, sie zu adoptieren«, sagte die Schwester zu mir. Das hat mich beeindruckt. Eine 84-jährige Ordensfrau mit einem drei- oder vierjährigen Mädchen ... »Also habe ich sie adoptiert, und seitdem nennt das Mädchen mich ›Mama‹.« Als ich so viel geballte Zärtlichkeit bei einer solchen Frau sah, einer Seniorin, die mit einem Kanu zum Einkaufen fährt, mit einem adoptierten Mädchen umhergeht und ihr Leben als Ordensfrau, ihre Ordensweihe mit so beeindruckender Frische lebt, da konnte ich nicht anders als an die Kraft der Berufung zu denken, die hinter all dem steht.

[»Ja, wirklich, das ist ein schönes, ein überwältigendes Zeugnis«, sage ich zu ihm.]

Es gibt viele solcher Beispiele! Ich kenne viele Ordensfrauen dieser Art: hundertprozentig engagiert, die ihre Berufung als geweihte Frauen gewissenhaft leben. Ebenso kenne ich viele Ordensmänner, Priester und Laienbrüder, die ihr geweihtes Leben vorbildlich leben. Diese Art von Personen lassen mich erkennen, was das konkrete geweihte Leben ist. Zweifellos ist es etwas, das man nicht einfach mit menschlichen Kriterien versteht. Wenn du es mit menschlichen Kriterien verstehen willst, dann gerätst du in eine andere Kategorie, vielleicht die der pastoralen Leistungsfähigkeit, oder anderer Art. Vielleicht sind es gute Kategorien, vielleicht sind sie nicht schlecht, aber die menschlichen Kriterien allein genügen nicht, um es zu erklären. Ich glaube, dass das geweihte Leben auf diese grundlegende Idee antwortet: den Ruf des verliebten Jesus bis ins Tiefste zu leben.

[Der Papst wird etwas nachdenklich, als durchforste er seine Erinnerung, und spricht dann weiter ...]

Kardinal Cláudio Hummes[8] erzählte mir, dass er, wenn er die verschiedenen Orte im Amazonasgebiet besucht, dort zu den Friedhöfen geht. Und die vielen Ordensmänner und Ordensfrauen zu sehen, die an jenen Orten gewesen sind und dort ihr Leben gelassen haben, versetzt ihn immer in Staunen und Bewunderung. Vor allem wenn er die Daten auf den Grabsteinen jener Missionare sieht und mit Schrecken ihr Alter nachrechnet. Viele von ihnen sind jung gestorben, vielleicht an einer Seuche, an Malaria oder irgendeiner anderen Krankheit. Er hat zu mir gesagt: »Die sollten alle heiliggesprochen werden.« Ich weiß nicht, ob das, was ich gerade sage, vielleicht an Häresie grenzt, aber die Verbindung zwischen der Weihe und der Heiligkeit scheint mir bei diesen Menschen sehr offensichtlich zu sein. Es sind Heilige des Alltags, geweihte Personen, die sich selbst nicht wichtig nehmen, die Heiligen »von nebenan«, um einen Ausdruck wiederaufzugreifen, den ich im Apostolischen Schreiben *Gaudete et exsultate*[9] benutzt habe. Es ist eine Lebensform, die zweifellos nachdenklich macht.

[Dann sage ich zu Franziskus, dass wir uns jener Idee bedienen werden, die Johannes Paul II. im Apostolischen Schreiben *Novo millenio ineunte* zum Ausdruck gebracht hat: dass es notwendig sei, dankbar der Vergangenheit zu gedenken, leidenschaftlich die Gegenwart zu leben und

sich vertrauensvoll der Zukunft zu öffnen. »Diese Zeit-
leiste wird uns als Grundschema für unser Gespräch dienen. Gefällt Ihnen das?«, frage ich ihn.]

Das gefällt mir sehr gut. Machen wir weiter.

Dankbar der Vergangenheit gedenken

[Natürlich können wir, um auf die Vergangenheit zu blicken, nicht bis zu den Anfängen des Mönchtums und des Ordenslebens zurückgehen. »Wenn es Ihnen recht ist«, sage ich zu Franziskus, »konzentrieren wir uns auf die Zeit nach dem Konzil.« Ich glaube, dass die eine wichtige Zeit für das geweihte Leben ist. Das Konzilsdekret *Perfectae caritatis* hatte das geweihte Leben aufgefordert, eine tiefe Erneuerung in Angriff zu nehmen, die bis heute andauert.]

Der Weg der nachkonziliaren Erneuerung

In den letzten 50 bis 60 Jahren hat das geweihte Leben einen Weg der Erneuerung unternommen, den Weisungen des Konzils entsprechend und unter der Führung der Kirche. Sie haben die Nachkonzilszeit und die Erneuerung als höherer Oberer und dann viele Jahre lang als Bischof und Hirte einer Diözese in vollem Umfang miterlebt. Wie bewerten Sie den Weg der konziliaren Erneuerung des geweihten Lebens?

Ich würde ihn mit drei Worten beschreiben: langsam, fruchtbar und ungeordnet. Gewiss wurden durch das Konzil irgendwie die Tore geöffnet. Damals waren wir sehr rückständig, standen nicht im Einklang mit den Zeichen der Zeit. Wir brauchten einen stärkeren Dialog mit der Welt, und für viele Dinge mussten die Tore geöffnet werden. Als die Tore dann geöffnet wurden und der Dialog begann, gab es auf Seiten der Kongregationen alle möglichen Dinge. Es gab viele, die das Problem gut erkannten und mehr oder weniger gewillt waren, die Erneuerung durchzuführen. Andere verloren die Probleme aus dem Blick, und wieder andere öffneten sich aus purer Angst nicht und blieben zurück.

Andererseits wurde dieser Dialog von den einzelnen Kongregationen nicht im selben Rhythmus geführt. Oft schoss man über das Ziel hinaus, wenn es darum ging, die notwendigen Veränderungen in Angriff zu nehmen. Man musste etwas verändern, aber einige Kongregationen stürzten sich manchmal geradezu auf die Veränderungen, ohne viel darüber nachzudenken, dass so genau das geschah, was die Angelsachsen »das Kind mit dem Bade ausschütten«[10] nennen. So gerieten einige in eine Schieflage. Es gab auch Widerstand. Auch davon gab es viel.

Ehrlich gesagt glaube ich, dass das inzwischen korrigiert wurde. Der konziliare Weg der Neuanpassung und der Erneuerung musste zu Spannungen führen. Das ist ganz natürlich. All jene Unordnung, die entstanden ist, ist menschlich. Viele verborgene Dinge kamen zum Vorschein, und es war logisch und normal, dass eine solche Erneuerung Probleme mit sich bringen würde, aus Übereifer oder aus Unzulänglichkeit, durch mangelnde Fokussierung oder aus Zurückhaltung.

Und was macht Ihnen in diesem Prozess, der vielleicht noch abgeschlossen werden muss, die größten Sorgen?

Wirklich Sorgen bereitet es mir – gestern ebenso wie heute –, wenn diese Veränderungsprozesse von Ideologien geleitet sind. Das möchte ich hervorheben. Das gilt nicht nur für die damalige Zeit. Es ist etwas, das immer entlarvt werden muss: Einer der schlimmsten Feinde, den das geweihte Leben hatte und haben kann, ist die Ideologie, welcher Couleur auch immer. Das geweihte Leben darf nicht auf eine Ideologie reduziert werden. Es darf nicht in den Gnostizismus geraten, in eine gnostische Auffassung von einem zuweilen zu theoretischen und wenig menschlichen geweihten Leben. Das geweihte Leben darf nie jener Erneuerung ähnlich sein, die die Mönche von *Qumran* wollten, das essenische Judentum zur Zeit Jesu. Das geweihte Leben darf nie ein – gestatten Sie mir den Ausdruck – *essenisch* verstandenes Leben sein. Die frühen Wüstenväter, an den Anfängen des geweihten Lebens, waren bezeichnenderweise sehr menschlich. Vielleicht etwas exzentrisch, aber ganz menschlich.

Das ist es, was mir wirklich Sorge bereitet: wenn die Ideologie die Oberhand hat – jede Form von Ideologie, denn sie pflegt immer ein böses Ende zu nehmen. Im Apostolischen Schreiben *Gaudete et exsultate* habe ich vom Neognostizismus und auch vom Pelagianismus gesprochen, besser gesagt vom Neopelagianismus. Beide Tendenzen sind ideologisch. Hinter beiden herrscht die Ideologie. Heute ist das auch der Fall in einigen neuen Kongregationen, die mit einem zu pelagianischen Zuschnitt entstehen und alle Vollkommenheit in die Erfüllung von Normen zu setzen scheinen. Der arme junge Mann, der statt Fußball zu spielen verpflichtet ist, seltsame Dinge zu verrichten, um die *Heilige Regel* zu befolgen, und dem erzählt wird, dass alles andere Sünde sei!

Ein junger Mensch, ein Ordensmann, eine Ordensfrau muss in allem wachsen und nicht nur starre Regeln befolgen. Natürlich muss er auch gesunde Normen einhalten, die die Berufung unterstützen, aber diese starre Observanz oberflächlicher Dinge ist nicht christlich. Das ist reiner Pelagianismus, häretisch. Die wahre Liebe ist nie starr. Und das ist in einigen neuen Kongregationen passiert. Wir müssen darauf achtgeben. Diese Dinge können explodieren und böse enden.

In der Nachkonzilszeit gab es andere Probleme. Es gab Schatten und Licht. Wie gesagt glaube ich, dass wir es immer vermeiden müssen, dass man uns Ideologien auferlegt. Wenn wir das geweihte Leben interpretieren wollen, dann müssen wir es immer von seinen eigenen Kategorien her tun. Wir müssen das geweihte Leben von Kategorien des geweihten Lebens her interpretieren, nicht von anderswo ausgeliehenen Kategorien her.

[Bevor ich weitere Fragen stelle, weise ich Franziskus darauf hin, dass bei den folgenden Fragen einige »heiße Eisen« nicht vermieden werden können, und dass er sich ganz frei fühlen soll zu antworten.]

Seit dem Konzil – auch schon vorher – ist die Rede von einer »Krise« des geweihten Lebens. Man hob die Schattenseiten der Erneuerung und die Spannungen hervor, und das geweihte Leben wurde sogar beschuldigt, die Krise selbst zu verursachen, »desorientiert« und eine Schar »kirchlicher Dissidenten« zu sein ... Die Erneuerung letztlich also ein »Desaster«. An Spannungen hat es gewiss nicht gemangelt. Auch auf höchster Ebene. Was sagen Sie zu all dem?

Nun gut, ich glaube, dass überall dort, wo es eine gewisse »Orientierungslosigkeit« gegeben hat, dies der Fall war, weil eine starke Ideologie vorhanden war. Es mangelte dort an Ausgewogenheit, Balance. Und im geweihten Leben geht es nicht um die Balance eines »Seiltänzers«, sondern um die Ausgewogenheit, die man erlangt, wenn man auf dem Weg und auf der Suche nach Kriterien ist, die dem Evangelium und dem Dialog mit den Zeichen der Zeit entsprechen. Wenn das Ziel darin besteht, die Weihe in der Gegenwart zu leben.

[An dieser Stelle erinnere ich Franziskus an die starken Spannungen, die es mit den Ordensfrauen in den Vereinigten Staaten gegeben hat.]

Dort war eine schwierige Situation entstanden, die sich heute beruhigt hat. Ich glaube, dass man dort zum Beispiel gewissermaßen über das Ziel hinausgeschossen ist durch einen Feminismus, der an Ideologie grenzte und alles nur unter diesem Gesichtspunkt betrachtete. Man darf es jedoch nicht verallgemeinern. Verallgemeinerungen können ungerecht sein. Es brachte etwas Ungleichgewicht mit sich und eine gewisse Zersetzung des geweihten Lebens in einigen Gemeinschaften. Die Kongregationen, die so über das Ziel hinausgeschossen sind, kommen heute wieder zu sich und finden ein Gleichgewicht, oder besser gesagt eine »ausgewogene Spannung« (ein geweihtes Leben ohne Spannung ist natürlich nicht vorstellbar). Sie kommen auf fruchtbare Weise wieder zu sich. Das ist natürlich ein langsamer Prozess. 50 Jahre sind nicht viel für einen Erneuerungsprozess. Vor allem, wenn wir schauen und sehen, wo wir waren, aus welcher Mentalität wir gekommen sind.

Wir müssen bedenken, dass es zum Beispiel Kongregationen gab, in denen die Schwestern den »heiligen Gehorsam« so leben mussten, dass sie menschlich fast ausgelöscht wurden. Aufopferungsvolle Schwestern, viele von ihnen in gesetztem Alter, die für fast alles bei der Oberin um Erlaubnis bitten mussten und ein etwas infantilisiertes Leben führten. Ich erfinde nichts. Ich kenne das Problem gut. Kannst du dir das vorstellen: eine arme erwachsene Frau, die den ganzen Tag arbeitet und für jede Kleinigkeit um Erlaubnis bitten muss … Manchmal sogar schriftlich? Findest du nicht, dass es dort an Menschlichkeit mangelt? Wie gesagt, ich habe das nicht erfunden, sondern eine Ordensfrau, eine gute Freundin von mir, die viele Jahre lang so gelebt hat, hat es mir erzählt. Sie hat es mir erzählt, damit ich sehe, was sie damals wirklich erleiden mussten.

Sie sagte zu mir: »Schau, Jorge, es ist eine Schande, was wir durchmachen mussten, einen Erlaubnisschein einreichen …«, und sie erzählte mir all das … Unglaublich! Das Unglaublichste ist jedoch, dass es all das bis in die 80er-Jahre des 20. Jahrhunderts gegeben hat, mehr oder weniger. Wenn man ein solches Leben lebt, mit diesem Druck, dann ist es nicht verwunderlich, dass der Fluss »über die Ufer treten« kann, wenn die Schleusentore geöffnet werden. Von dort kommen wir. Wie gesagt ging die Erneuerung langsam und manchmal etwas ungeordnet vor sich, aber letztlich hat das geweihte Leben, das viele dieser Dinge überwunden hat, einen fruchtbaren Prozess durchgemacht.

Anerkennung, die Impulse schenkt

Seit Beginn Ihrer Amtszeit wurden einige Ihrer Gesten so interpretiert – etwa die Einberufung des Jahres des geweihten Lebens, eine Botschaft der Zuneigung und Wertschätzung an die nordamerikanischen Ordensfrauen auf einem Ihrer Flüge, viele Audienzen und Ansprachen an die ge-

weihten Personen, einige bedeutsame Ernennungen. Wie fanden Sie das geweihte Leben vor, als sie auf den Stuhl Petri kamen?

Es lässt sich nicht leugnen, dass es ein etwas spannungsgeladenes Umfeld war, denn in den Jahren zuvor hatte sich in einigen Bereichen der Kirche eine gewisse Reaktion herausgebildet, die sich gegen die Form richtete, in der die notwendige Erneuerung des geweihten Lebens den Weisungen des Konzils folgend durchgeführt wurde. Es war eine sehr harte Reaktion, selbst bei einigen hochrangigen Persönlichkeiten der Hierarchie. Und statt das geweihte Leben geduldig zu begleiten, meinten sie, dass man es disziplinieren müsse.

Man ging sogar so weit zu behaupten, dass einige der neuen Kongregationen, die von sehr konservativem Zuschnitt waren, jene seien, die das geweihte Leben am besten zum Ausdruck brachten. Es schmerzt mich, das zu sagen, aber seltsamerweise musste bei verschiedenen dieser Kongregationen – vor allem bei jenen, die am meisten profiliert waren – interveniert werden, da sie unter ernsthaften Problemen und Korruption litten.

Einer von denen, die meinten, dass man das geweihte Leben lieber begleiten statt disziplinieren sollte, war der heutige Kardinal Tobin. Als ich auf den Stuhl Petri kam, wollte ich in irgendeiner Weise weiterhin das unterstützen, was Erzbischof Joseph W. Tobin – auf derselben Linie wie sein Vorgänger, Erzbischof Gianfranco Gardin (Beide waren Sekretäre der Kongregation für die Institute geweihten Lebens gewesen, Anm. d. Lektorats) – getan hatte. Anders als jene, die dachten: »Die Ordensleute sind alle verrückt«, meinte er immer, dass die Geißel nichts nütze und das einzige Mittel, die Kirche zu disziplinieren, das Evangelium sei. Jetzt, nachdem einige Zeit vergangen ist, glaube ich, dass wir in ruhigen Zeiten leben, was diesen Bereich betrifft. Im geweihten Leben ebenso wie in anderen Bereichen der Kirche gibt es immer Konflikte und Probleme, bei denen man Fortschritte machen und sich verbessern kann. Konflikte sind ein fester Bestandteil der Wirklichkeit. Wir dürfen sie nicht verleugnen, sondern müssen uns bemühen, sie zu überwinden. Wichtig ist: unterwegs sein, immer vorangehen. Als ich auf den Stuhl Petri kam, fand ich also ein geweihtes Leben vor, das bereits dabei war, sich zu erholen.

Wie wir unsere Beziehungen verbessern

Hinter den Spannungen und dem Unverständnis, die es gab, stand zweifellos nicht selten das Problem der »Mutuae relationes«. Aus welchem Blickwinkel heraus sollten wir diese »wechselseitigen Beziehungen« Ihrer Ansicht nach heute betrachten?

Das Thema der wechselseitigen Beziehungen hatte in der Nachkonzilszeit verschiedene Momente. Ich glaube, dass es eine sehr große Schuldenlast ist, die die Kirche noch immer nicht beglichen hat. Im Jahr 1994 haben wir, allen voran Kardinal Eduardo Francisco Pironio, die Revision des Dokuments *Mutuae relationes* (1978) gefordert.

Viele Jahre vergingen, ohne dass etwas geschah. Vielleicht ist in diese Sache heute mehr Ruhe eingekehrt. Daher muss man heute, nach der Überwindung eines gewissen funktionalistischen Verständnisses, das viele Hirten vom Ordensleben hatten, die wechselseitigen Beziehungen im größeren kirchlichen Rahmen gegenseitigen Dienens und gegenseitiger Anerkennung betrachten. Sie sind nicht einfach nur eine Angelegenheit zwischen den Ordensleuten und der Hierarchie. Heute geht es um die wechselseitigen Beziehungen innerhalb des ganzen Volkes Gottes, weil alle Getauften davon betroffen sind.

Der Heilige Geist will und schafft die Vielfalt und wiederum auch die Eintracht. Er ist das Prinzip der Einheit und der Ursprung der charismatischen Vielfalt. Wir alle müssen lernen, in der Kirche bessere Beziehungen zueinander herzustellen, und so ein nachhaltiges Zeugnis der Gemeinschaft sein. Der Teufel ist der Feind der Eintracht.

Auf der Synode von 1994 über das geweihte Leben haben Sie einen Wortbeitrag gegeben,[11] *in dem Sie ebenfalls über die Versuchung der Funktionalität sprechen. Könnten Sie diese Idee ein wenig vertiefen?*

Die Funktionalität ist eine Versuchung des apostolischen Lebens, des dienenden Lebens. Sie ist eine der größten Versuchungen. Sie ist die Perversion, zu Großunternehmern des Apostolats zu werden, statt Männer und Frauen zu sein, die im Dienst der Kirche und des Nächsten stehen. Sie ist eine Versuchung für die geweihten Personen selbst. Und auch für die Bischöfe: Kongregationen zu suchen, die bestimmte »Dienste« übernehmen, die man in seiner Diözese braucht, oft ohne das jeweilige Charisma der Institute zu berücksichtigen, obgleich dort letztlich ihre Berufung liegt. Der Existenzgrund des geweihten Lebens geht über das, was es tut, hinaus. Es ist auf das hin orientiert, was es tut, aber in Wahrheit ist das, was es in sich selbst ist, wichtiger als das, was es tut. Nur von den Kategorien des Evangeliums her versteht man das geweihte Leben richtig.

Ein geweihtes Leben mit einem neuen Gesicht

Nach der Konferenz von Medellín zeigte das geweihte Leben großen Einsatz in Lateinamerika. Einige Jahre später gab es diesen Einsatz in Afrika ebenso wie in Asien und in den osteuropäischen Ländern. Diese Expansion hat uns große Impulse und eine globalere Sichtweise gegeben. Was ist Ihre Meinung dazu?

Dort ist zweifellos ein deutliches Phänomen der »Enteuropäisierung« der Kirche vorhanden. Die Kongregationen sind in die Welt hinausgegangen, um zu missionieren, zu schaffen … Und sie sind geblieben und haben fruchtbare Gemeinschaften aufgebaut, aus denen eigene Berufungen hervorgegangen sind. Die Kirche wurde im positiven Sinne »enteuropäisiert«: eine natürliche »Enteuropäisierung«, die Früchte hervorgebracht hat in Form von starken Ortskirchen, von Teilkirchen mit einer starken und konkreten Identität. Indien ist ein Beispiel dafür, es hat sogar eine eigene, ganz konkrete Theologie. In Asien beginnt sich gerade ein starkes theologisches Denken zu entwickeln. Auch die Philippinen sind ein deutliches Beispiel dafür.

In Afrika war der Prozess vielleicht etwas langsamer, aber er zeichnet sich zum Beispiel durch einen beeindruckenden liturgischen Reichtum aus. Letztlich geht es darum, dass das geweihte Leben inkulturiert wird. Ich glaube, das ist eines der schönen Dinge des geweihten Lebens: die Leichtigkeit, mit der es inkulturiert wird. Denken wir an die vielen Missionare und Missionarinnen, die aufgebrochen sind, um zu missionieren, und die am Ende gut inkulturiert waren. Denken wir zum Beispiel an Pater Damian von Molokai. Dort haben wir einen Fall extremer Inkulturierung, meinen Sie nicht? Oder denken wir an viele andere geweihte Personen, die bei ihrem Volk gestorben sind und jetzt dort auf den Friedhöfen ruhen. Kardinal Hummes hat mir, wie gesagt, davon berichtet.

Gibt es gegen diese Expansion irgendetwas einzuwenden?

Natürlich gab es in dieser Frage auch einige Schattenseiten. In den letzten Jahren war nicht alles eitel Sonnen-
schein. Es gab auch einige Versuchungen. Es gab zum
Beispiel die Versuchung, nach Berufen wie nach »Öl-
quellen« zu suchen.

Ich erinnere mich an den Skandal, der 1994 aufgedeckt
wurde, als wir auf der Synode über das geweihte Leben
waren. Die Bischofskonferenz der Philippinen hatte ein
Schreiben veröffentlicht, in dem den weiblichen Kongregationen verboten wurde, Berufungen ins Ausland zu
schicken. Sie wurden verpflichtet, die anfängliche Ausbildung (Noviziat und Juniorat) vor Ort zu machen, ohne sie ins Ausland zu schicken.

In jenen Tagen wurde unsere Aufmerksamkeit auch von
der Schlagzeile einer Zeitung angezogen, die in der Syn-
odenaula herumgereicht wurde. Ich glaube mich zu erinnern, dass der Titel etwa folgendermaßen lautete, in
alarmierendem Ton: *La tratta delle novizie* (der Handel mit
Novizinnen) ... Ins Ausland zu gehen, um nach Berufungen zu »fischen« ... Das ist natürlich nicht in Ordnung.
Wenn du dorthin gehst, dann bleibst du dort und bist dort
fruchtbar. Wenn nicht, gehst du besser nicht dorthin.

Es hat in diesem Zusammenhang sehr traurige Fälle gegeben, wo Kongregationen an verschiedene Orte gegan-

gen sind, um nach Berufungen zu »fischen«, wobei ihre Beweggründe nicht sehr klar waren. Nicht nur nach Afrika oder Indien, sondern auch nach Mitteleuropa zum Beispiel. Es kamen gute Mädchen, sie haben begonnen zu studieren, haben dann nicht weitergemacht, sind ausgetreten und waren am Ende allein und verlassen, manche sind sogar als Straßenmädchen geendet. Das ist sehr traurig.

Ich kenne auch einige Fälle im kontemplativen Leben, wo zum Beispiel Klöster mit Unterstützung von »Wohltätern« Berufungen aus diesen Ländern angezogen haben. Diese Mädchen kamen nicht mit schlechten Absichten, sondern um im Leben voranzukommen. Fromme Mädchen, gewiss, aber sie hatten keine Berufung. Sie kamen, studierten, und haben dann, nach Abschluss des Studiums, »Lebewohl« gesagt ... Ich glaube, dass es das heute nicht mehr gibt und dass in dieser Beziehung gottlob ein besseres Bewusstsein vorhanden ist. Aber Fälle solcher Art hat es gegeben.

Was lässt sich sagen über das veränderte Gesicht, das das geweihte Leben gegenwärtig annimmt?

Abgesehen von den gerade erwähnten Abnormitäten glaube ich, dass der Prozess der Internationalisierung des geweihten Lebens sehr wichtig ist. Es ist nichts Neues, aber gewiss zeigt sich die Kirche immer mehr mit einem neuen Gesicht. In den Instituten sieht man bereits nicht selten Generalobere oder Generaloberinnen, die von anderen Kontinenten kommen. Das ist zum Beispiel der Fall deines Generaloberen, Pater Mathew Vattamattam, der in Indien geboren und zweifellos ein großartiger Mann ist. Er ist ein Mann, der sich eine bewundernswerte natürliche Liebenswürdigkeit bewahrt hat. Als ich mit ihm gesprochen habe, hat mich, als es um einen bestimmten Fall ging, sehr beeindruckt, mit welcher Liebe und Zärtlichkeit er damit umgegangen ist. Ich glaube, ihr Claretiner könnt euch glücklich schätzen; er ist für euch ein Hauptgewinn. Es ist klar, dass die Herkunft von Generaloberen und Generaloberinnen aus nichteuropäischen und von nicht westlichen Kontinenten eine Wirklichkeit ist, die immer mehr zunimmt. Und das ist eine gute Nachricht, über die wir uns freuen. Die Kirche lässt dieses veränderte Gesicht immer mehr erkennen, als Frucht ihrer Geschichte und des Wunders der Evangelisierung.

Es gibt einige, die meinen, dass Ordensleute, die nicht aus der westlichen Welt stammen, noch einen weiten Weg vor sich haben ...

In der Kirche haben wir alle noch einen Weg vor uns. Jene Ordensleute ebenso wie die aus der westlichen Welt. Es werden wichtige Schritte auf die Interkulturalität und Internationalisierung des geweihten Lebens hin gemacht, und da gibt es kein Zurück. Die alten westlichen Kirchen, die missionarisch waren, erhalten heute Früchte um das Vielfache zurück. Heute werden die Kirche und die Berufungen dort gestärkt. Mit der Zeit wird alles mehr und mehr heranreifen, aber wie gesagt gibt es bereits sehr starke Ortskirchen, mit einer sehr klaren und gefestigten Identität, Gott sei Dank.

Lernen auf dem Weg

Was haben wir als geweihtes Leben in dieser nachkonziliaren Erneuerung gelernt?

Wir haben zweifellos viele Dinge gelernt. Um etwas Konkretes zu nennen, würde ich sagen, dass wir vor allem gelernt haben, dass der Weg des geweihten Lebens der Weg der Eingliederung in die Kirche ist. Uns allen, nicht nur den geweihten Personen, ist zu Bewusstsein gekommen, dass die Dinge außerhalb der Kirche oder parallel zu ihr nicht funktionieren. Es geht um eine Eingliederung in die Kirche mit den Kategorien der Kirche, mit dem geistlichen Leben der Kirche, in dem der Bischof als Oberhaupt betrachtet und wie ein Vater, ein Bruder, ein Freund geliebt wird. Nichts anderes.

Auf der anderen Seite, von Seiten der kirchlichen Hierarchie, haben wir ebenfalls einen Weg zurückgelegt – und wenn einige von uns es nicht getan haben, dann sollten sie es schleunigst tun – und haben auch verstanden, wie wichtig diese Eingliederung ist, die angenommen und respektiert werden muss. Wir Bischöfe haben gelernt, großen Respekt vor den verschiedenen Charismen der Ins-

42

titute zu haben, denn sie bereichern unsere Ortskirchen, indem sie genau das sind, was sie sind, aus ihrer Identität heraus. Das ist es, glaube ich, was wir im Grunde verstanden haben: wie wichtig die Eingliederung in die Kirche ist.

Welche Aufgabe oder Aufgaben liegen nach Ihrer Meinung in dieser Erneuerung noch vor uns?

Man könnte jene drei zeitlichen Dimensionen nehmen, die du eingangs erwähnt hast, aber vielleicht von einem anderen Gesichtspunkt her. Ich meine die Frage nach der Vergangenheit, der Gegenwart und der Zukunft, aber unter dem Gesichtspunkt des Gründungscharismas betrachtet. Das Gründungscharisma der Institute bedarf noch immer einer Art *Läuterung*. Wenn ich *Läuterung* sage, dann meine ich damit, dass wir das wirklich Authentische der Gründungscharismen wiedergewinnen müssen, um zu sehen, wie dieses wirklich Authentische heute aussieht oder aussehen müsste. Es geht darum, die Vergangenheit nicht nur mit Dankbarkeit zu betrachten, auch wenn das natürlich auch notwendig ist. Natürlich müssen wir Gott danken für all das Gute, das er uns in unseren Gründern geschenkt hat! Wir müssen die Vergangenheit mit Dankbarkeit betrachten – aber nicht so als betrachteten wir ein Museumsstück, sondern mit dem Blick dessen, der dort die Wurzel zur Inspiration finden will. Das ist wichtig für die Gegenwart und für die Zukunft. Manchmal haben wir von unseren Gründern so gesprochen, dass wir sie fast an die Stelle Jesu Christi gestellt haben. Gewiss sind unsere Gründermütter und Gründerväter für uns sehr wichtig. Sie sind nicht Jesus Christus, aber wir sehen in ihnen Männer und Frauen, die uns einen großartigen Weg der Nachfolge eröffnet haben. Das ist klar, aber bitte machen wir keine Museumsstücke aus ihnen. Sie sind unsere Wurzel, nicht um ihnen beliebig nachzufolgen, sondern damit Frucht entstehen kann. Zu den Anfängen des geweihten Lebens in unseren Instituten zurückgehen bedeutet, zu dieser Wurzel gehen, um dort zu trinken wie aus einer Quelle und heute eine angemessene Antwort geben zu können.

Das Heute ist die Gegenwart, und dort müssen wir aus unserem Charisma heraus antworten. Das ist eine Herausforderung, die Leidenschaft von uns verlangt. Sonst funktioniert das alles nicht. Die Erinnerung an die ersten Zeiten des geweihten Lebens und an die Anfänge unserer Institute ist eine fruchtbare Erinnerung. Auch das haben wir gelernt: wie wichtig es ist, zu den Ursprüngen zurückzugehen, um die Gegenwart zu leben und die Zukunft aufzubauen.

Was meinen Sie mit »fruchtbarer Erinnerung«?

Ich spreche gern von der Erinnerung im Sinne des Buches Deuteronomium. Wenn ich »fruchtbare Erinnerung« sage, dann meine ich, dass das geweihte Leben eine fruchtbare Erinnerung besitzen muss wie sie im Buch Deuteronomium beschrieben wird: eine Erinnerung, die uns einlädt, die Vergangenheit zu betrachten und uns zu erinnern. Deuteronomium 26 muss uns inspirieren.[12] Wir dürfen nie die Erinnerung verlieren, denn sie ist es, die uns die Gegenwart mit Leidenschaft leben und vertrauensvoll in die Zukunft schauen lässt. In der Vergangenheit liegt die Wurzel der Inspiration. Diese Frage scheint mir grundlegend zu sein; wir dürfen sie nicht verlieren.

Dasselbe gilt für die Familien. Zu den Jugendlichen sage ich immer: Bitte sprecht immer mit den Großeltern. Sie sind die Wurzeln, und sie sind sehr wichtig für das Leben. Ohne Wurzeln fehlt uns etwas sehr Wichtiges … Die Jugendlichen eilen voran, aber die Älteren kennen den Weg. Denken wir daran.

An die Wurzel zu gehen hilft uns zweifellos, die Gegenwart angemessen zu leben, ohne Angst zu haben. Wir müssen ohne Angst, indem wir dem Leben mit der Leidenschaft begegnen, in die Geschichte eingebunden, am Leben beteiligt sein. Es ist eine verliebte Leidenschaft, die keine Angst hat, sich aktiv am Leben zu beteiligen – wie der Torwart beim Fußball, der sich hinwirft, um einen Strafstoß dort zu halten, wohin er fällt –, ohne je aus den Augen zu verlieren, wem ich mein Leben geweiht habe. Die Gegenwart Jesu ist alles. Dort liegt die Kraft der geweihten Berufung. Ein geweihtes Leben, in dem Jesus nicht gegenwärtig ist mit seinem Wort im Evangelium, mit seiner Inspiration: Das funktioniert nicht. Ohne die verliebte

Leidenschaft für Jesus ist keine Zukunft für das geweihte Leben möglich. Diese Leidenschaft ist es, die uns zur Prophetie bringt. Wenn wir über die prophetische Dimension des geweihten Lebens sprechen, dann geht es nicht darum, die Zukunft vorauszusagen. Dafür gibt es Horoskope und all diesen Unsinn. Es geht darum, aus sich selbst herauszugehen, mit Leidenschaft für den verliebten Jesus, mit brennendem Herzen, und dass dies vielleicht zur Zukunft für andere wird. Durch unser Leben weisen wir anderen den Weg, helfen wir ihnen, begleiten wir sie ... Immer unterwegs. Ohne zuzulassen, dass das Wasser aufhört zu fließen. Ich habe es schon einige Male in Bezug auf die Kirche gesagt. Ebenso würde ich sagen, dass auch das geweihte Leben wie das Wasser ist: Wenn es steht, fault es.

Wenn wir über das geweihte Leben und über die Kirche sprechen, scheinen diese Begriffe manchmal austauschbar zu sein ...

Natürlich. Es sind gewissermaßen analoge Begriffe. Es gibt eine Theologie der Analogie, die mich sehr anspricht. Nimm zum Beispiel den seligen Mönch Isaak von Stella. Du erinnerst dich sicher, er taucht im Laufe des Kirchenjahres ein paar Mal in der Lesehore des Stundengebets auf. In einer seiner Predigten spricht Isaak von Stella von einer Analogie der Seele und sagt, dass das, was über Maria gesagt wird, auch über die Kirche und über die Seele gesagt werden kann,[13] Man kann es von Maria im eigentlichen Sinne und von der Kirche im übertragenen Sinne sagen – denn sie ist die Mutter, die Christus in den Gläubigen hervorbringt – und auch von der gläubigen Seele. Von dieser Analogie her können wir von einer Dimension des Weiblichen im geweihten Leben sprechen: die fruchtbare Zugehörigkeit zu einem Leib, der Leben empfängt, das Leben lebt und Leben schenkt. Dort ist die Kirche, die ebenfalls weiblich ist. Das dürfen wir nicht aus den Augen verlieren.

Die altehrwürdigen Texte helfen uns sehr, die Situationen der Gegenwart zu verstehen. Ich glaube, dass es gut ist, sich den Kirchenvätern und den großen Persönlichkeiten des Mönchtums zuzuwenden, um das geweihte Leben zu verstehen. Auch wir, die wir dem tätigen Ordensleben angehören. Man muss hingehen, um aus seinen Quellen zu trinken. Die Kirchenväter haben das verstanden. Alles, was die Kirchenväter gesagt haben, gehört zur Wurzel. Wir müssen uns ihnen immer zuwenden, dem Abt Antonius an den Anfängen des geweihten Lebens ... Uns der *Philokalie* (Anthologie von christlichen Autoren vom 4. bis 15. Jhd, Anm. d. Lektorats) zuwenden. Man kann vielleicht nicht alles, was sie sagen, heute in die Praxis umsetzen oder leben, aber es gibt dort große Weisheit und Erkenntnis.

[Bevor ich zum folgenden Frageblock übergehe, erhebe ich mich und schenke mir etwas Wasser ein. Dabei bitte ich den Papst, mir die Dekoration des Raumes ein wenig zu erläutern. Mir scheint, dass sie aus sehr unterschiedlichen Objekten besteht. Daraus schließe ich, dass jedes einzelne Objekt nicht zufällig an seinem Platz steht, sondern Franziskus sie ausgewählt hat, weil jedes von ihnen eine besondere Bedeutung für ihn hat. Er erzählt mir, dass einige der Bilder große Bedeutung haben, wie der schlafende heilige Josef, der ihn daran erinnert, wie wichtig es ist, in Gott zu träumen, und vor allem die Bereitschaft dafür. Ich stehe auf und mache ein paar Fotos.

Es sind noch weitere Objekte und Bilder vorhanden: ein Kreuz, das aus den Dachbalken des Hauses des heiligen José Gabriel del Rosario Brochero, genannt »Cura Brochero«, gefertigt wurde, ein Bild von den Gelübden des heiligen Peter Faber, eine Gottesmutter von Luján … Und viele andere Dinge, die von hier und dort kommen, fast alles Erinnerungen an ganz konkrete Ereignisse und Situationen. Franziskus verweilt jedoch besonders bei einem Bild von Marko Ivan Rupnik,[14] das an der Wand hängt. Es ist ein Mosaik, in dem Maria zwar zu sehen ist, aber nicht im Mittelpunkt steht. Das Wichtigste ist Jesus, der dort als Mittler auftaucht. Die Jungfrau Maria ist der Rahmen, die menschliche Notwendigkeit, die Gott brauchte, um herabzusteigen; die Hände der Jungfrau Maria dienen Jesus als Leiter. Es ist die *synkatábasis* (die Kenosis, die Herablassung) Jesu. Gott steigt herab, aber er braucht das Fleisch Marias, daher senkt sie die Arme. Jesus hält sich an ihrem Umhang fest. Franziskus sagt zu mir, dass dieses Bild ebenfalls sehr »vielsagend« sein kann für das geweihte Leben.]

Die Gegenwart
mit Leidenschaft leben

Das geweihte Leben wird erwachsen

Im Hinblick auf die Gegenwart des geweihten Lebens: Glauben Sie, dass es heute schwerer ist als früher, Ordensmann oder Ordensfrau zu sein?

Ja, ehrlich gesagt glaube ich schon, dass es in der heutigen Welt schwerer ist, als geweihte Person zu leben. Früher war es so, dass die Disziplin dich irgendwie geschützt hat. Unser Leben wurde früher vielleicht etwas pelagianischer aufgefasst. Unsere Gründer haben sich unser Leben in einer bestimmten Form vorgestellt und die ersten Regeln aus einer offenen Erfahrung heraus geschrieben, aber das geweihte Leben hat dann etwas von seiner Frische verloren und ist unter eine Disziplin gestellt worden. Einen typischen Fall sehen wir in der Gesellschaft Jesu. Wir Jesuiten haben drei Dinge: die *Formula Instituti*, die *Konstitutionen* und die *Regeln*. Das Wichtigste ist zweifellos die *Formula Instituti*. Die darf man nicht antasten. Nur der Papst könnte das tun. Die *Konstitutionen* sind den Linien der anderen Kongregationen gefolgt; dort werden allgemeine Richtlinien gegeben. Dann die

Regeln, die sich mit den einfachen, gewöhnlichen Dingen des Alltagslebens befassen. Sie sind praktischer orientiert und können sich beständig ändern. Es geht darin um bestimmte Formen, die heute kaum mehr in Gebrauch sind. Die *Konstitutionen* sind als Regeln ernsthafter, es sind aber mehr allgemeine Richtlinien. Die *Formula* ist zweifellos der bleibende Kern.

Pater Wlodimir Ledóchowski, ein großer Generaloberer der Gesellschaft Jesu, der eng mit Pius XI. befreundet war, wollte eine für die Mitglieder der Gesellschaft Jesu nützliche Synthese herstellen und setzte einige Leute ein, um daran zu arbeiten. Heraus kam eine Art Synthese aus allem, die in einem Buch veröffentlicht wurde, das den Titel *Epitome Instituti Societatis Iesu* trug. Es war eine Verschmelzung der *Formula* mit den *Konstitutionen* und den *Regeln*: Es schien alles dasselbe zu sein. Alles schien gleichwertig zu sein. Es war alles ein Mischmasch. Man hatte den Eindruck, dass die Regel für den Koch – ich übertreibe jetzt – fast genauso viel galt wie die *Formula Instituti*. Ledóchowski war damit zufrieden und brachte das Werk einem engen Freund, dem Abtprimas der Benediktiner. Er ließ es ihm da, damit er es studieren könne. Einige Zeit später sagte der Abtprimas zu ihm: »Schauen Sie, Herr Pater, mit diesem Buch haben Sie die Gesellschaft Jesu getötet; sie haben ihr die Seele genommen.« Er disziplinierte die Gesellschaft Jesu auf diese Weise so sehr, dass es jetzt ganz leicht zu sein schien, das jesuitische Leben zu leben. Man brauchte nicht das, was für jede geweihte Person, die ihre Weihe auf erwachsene Weise leben will, so notwendig ist: die Entscheidungsfindung.

Es genügte, sich an die *Epitome* zu halten, um ein guter Jesuit zu sein. Es genügte, einer Reihe von Vorschriften zu gehorchen – von denen einige zweifellos sehr gut waren –, um gut zu sein. Wer gehorcht, irrt nie. Und dieses Leben, das so geregelt, so seelenlos ist, ist nicht das geweihte Leben, das heute verlangt wird. Es musste erst Pater Pedro Arrupe kommen, um die Geistlichen Übungen, die das jesuitische Leben und das geweihte Leben ganz allgemein erneuert haben, wieder voranzubringen. So wurden der Wert und die Bedeutung der Entscheidungsfindung, die dazu dient, das geweihte Leben besser zu leben, im Dialog mit der Welt und mit dem eigenen Umfeld, zurückerlangt. Das *Centro di Espiritualidad Ignaciano* mit Pater Luis González hat damals für alle sehr viel Gutes getan. Auch die Zeitschrift *Christus*, mit Pater Giuliani, war ein grundlegender Bezugspunkt für die Erneuerung der Gesellschaft Jesu. Die *Epitome* war überholt, und Arrupe kehrte zu den Vätern zurück, zu Peter Faber und Ignatius von Loyola. Zweifellos war Arrupe einer der Großen. So wurde in den Instituten alles zurückerlangt und erneuert. Zu den Erneuerern, die du kennst, gehört auch Pater Bocos[15] und viele andere, die den Weg geebnet und das geweihte Leben neu interpretiert haben. So haben sie dazu beigetragen, es zeitgemäß zu gestalten.

Ich würde also sagen: Ja, früher war es sehr viel leichter, die Ordensweihe zu leben, weil es vor dem Konzil eine sehr klare und sehr definierte Auffassung der Kirche gab. Vielleicht war sie gut für jene Zeit. Ich habe in ihr meine Ausbildung erhalten. Als Junge bin ich mit dieser Sichtweise großgeworden. Alles war vorgekaut, alles diszipliniert.

Ich erinnere mich, dass einige Katholiken daran Anstoß nahmen und ihre Schablonen zerbrechen sahen, als Pius XII. die Abendmesse und das eucharistische Fasten von einer Stunde gestattete. Was meinst du? Damals ging man mit Leichtigkeit voran, denn alles war geregelt, diszipliniert; heute musst du selbst spielen, musst du selbst den Willen Gottes suchen, in Gemeinschaft, mit deinen Oberen oder auch allein, aber du musst hinausgehen und den Willen Gottes suchen.

Wie kann man also heute ein guter Ordensmann oder eine gute Ordensfrau sein?

Genau da kommt die Frage der Entscheidungsfindung ins Spiel. Heutzutage ist eine geweihte Person, die die Gabe der Entscheidungsfindung nicht entwickelt, und sei es nur auf elementarer Ebene, eine Person mit einem großen Manko. Ihr fehlt etwas Grundlegendes, und das lässt sie unreif sein. Eine geweihte Person darf aber nicht wie ein Flaschenkind sein. Die Gabe der Entscheidungsfindung gibt einer geweihten Person die notwendige Reife. Das ist heute im geweihten Leben grundlegend: das Erwachsensein.

Ich spreche unter dem Gesichtspunkt des Gehorsams. Ich glaube, dass der Gehorsam einer geweihten Person, die reif – oder besser gesagt auf dem Weg zur Reife – ist, so beschaffen ist, dass er dich dazu bringt, mit deinen Oberen, mit deiner Gemeinschaft die notwendigen Entscheidungen zu suchen. Heutzutage kann selbst der einsamste Eremit – man verstehe mich richtig – im Leben nicht allein vorangehen. Im geweihten Leben kann man nicht allein unterwegs sein. Wir brauchen jemanden, der uns begleitet. Die geweihten Personen, die in Gemeinschaft leben, haben die Gemeinschaft, die Oberen, die Kapitel, die uns begleiten, die uns ankommen lassen. Es geht darum, die Wege und die Beständigkeit oder besser gesagt eine erwachsene Weihe zu suchen. Eine geweihte Person darf nicht wie ein Kind sein. Sie muss erwachsen sein. Und dafür ist die Entscheidungsfindung der Schlüssel.

Große Herausforderungen … Geringe Kräfte

Früher haben Sie einmal etwas geschrieben – es wird in dem Buch »Reflexiones en Esperanza«[16] noch einmal aufgegriffen – über die notwendige Spannung zwischen dem »Traditionellen« und dem »Zeitgemäßen«, wenn es darum geht, das Charisma zu leben. Es handelt sich, so haben Sie gesagt, um jene Spannung zwischen dem empfangenen Charisma und seiner Anpassung an die Bedürfnisse der Welt, in der wir leben. Wie kann man diese Spannung im gegenwärtigen Zustand der Schwäche, in dem die Herausforderungen so groß und die Kräfte so gering sind, am besten leben?

Gestatte mir, dass ich mit einem Bild antworte, das mir dazu in den Sinn kommt. Ich meine das biblische Bild von David, von dem uns das Erste Buch Samuel berichtet, im Alten Testament. David bot sich an, mit dem Riesen zu kämpfen, indem er auf Gott vertraute. Man legte ihm also die Rüstung und den Helm des Saul an und gab ihm dessen Waffen. Man gab ihm alle Strukturen, und er konnte damit nicht umgehen. Er konnte nicht einmal gehen. Dann inspirierte ihn der Heilige Geist, und er streifte diesen ganzen Ballast ab. Er nahm seinen Hirtenstab, hob einige Steine auf und steckte sie in seine Tasche. Er nahm eine Schleuder und zog in den Kampf mit dem Riesen Goliat.

David war ein Mann mit der Gabe der Entscheidungsfindung. In jenem Augenblick half der Geist ihm zu entscheiden: »Nein, so kann ich nicht kämpfen, so verliere ich. Ich muss all diese Dinge ablegen. Ich werde mit dem kämpfen, was meins ist.« So muss jede geweihte Person sagen: »Ich begegne dem Leben und den Dingen mit dem, was meins ist.« Was ist meins? Das, was ich bin: ein Mensch, getauft, mit meinem Namen und meinem Nachnamen, Mitglied dieses Instituts, dieser Familie …

Das ist meins. Ich ziehe hinaus in den Dialog und in den Kampf nur mit dem, was meins ist, nicht mit Strukturen, die mir auferlegt werden oder mit irgendwelchen Marotten oder schlecht angepassten Gebräuchen und all den Dingen, die nichts mit dem Charisma zu tun haben.

Natürlich nennen wir oft belastende und große Strukturen unser Eigen: große Schulen, Universitäten, Krankenhäuser, Projekte vieler Art – und haben nur wenige Kräfte, wenige Ordensleute. Dann müssen wir Entscheidungen finden. Wir müssen unterscheiden zwischen Werken und Arbeiten. Nicht alle Arbeiten sind Werke. Manchmal erdrücken uns die Werke, gewiss. Aber man muss unterscheiden. Es geht auch nicht darum, alles aus dem Fenster zu werfen. Einige sagen: »Schließen wir die Schulen.« Nein, warte erst einmal. Wir wollen hier eine Entscheidungsfindung vornehmen und schauen, wie wir es machen können, dass die Schulen auf die sozialen und kirchlichen Herausforderungen von heute antworten. Bildung ist wichtig. Schau genau hin, wie du vorgehen kannst ... Und ebenso mit anderen Werken.

Gewiss haben die Werke uns oft verraten. Wenn man den Werken zu viel Bedeutung beimisst, dann bleibt die Kraft des Charismas verborgen. All das steht in enger Verbindung mit dem Dialog mit der Welt. Die Werke müssen eine Folge dieses Dialogs sein. Wir müssen uns zum Beispiel fragen: »Ist Bildung heute notwendig? Ja. Brauchen wir heute Schulen? Ja. Wie kann ich eine Schule voranbringen?« Das sind Fragen, die man deutlich stellen und wahrheitsgetreu beantworten muss. Wenn es sich dagegen herausstellt, dass es nur ums Überleben geht, indem ich »Löcher stopfe« in einer großen Struktur, die mir vor 50 Jahren nützlich war, deren Nutzen ich heute jedoch nicht mehr sehe, dann füge ich dem Daseinsgrund des Werkes Schaden zu und zersetze ihn, und gleichzeitig zersetze ich das geweihte Leben, das ich lebe.

Manchmal ist die Diskrepanz zwischen den Herausforderungen und den Kräften aber sehr groß …

Mir kommt im Zusammenhang mit dieser Erfahrung ein weiteres Beispiel in den Sinn: der heilige Peter Faber, einer der ersten Gefährten von Ignatius von Loyola. Er war der erste Priester der Gesellschaft Jesu. Peter Fabers *Memoriale* ist ein Wunder der Entscheidungsfindung angesichts der großen Dinge. Ich würde ihn zum Schutzpatron der Kommunikation machen. Er starb mit nur 39 Jahren. Er war ein Mann, der überall hinging, zu Fuß. Er wanderte nach Deutschland, wo er einen Dialog mit den Protestanten führte, mit ihnen sprach. Er war ein furchtloser Mann, fähig zur Empathie, der sich in andere hineinversetzen konnte, mit einer unendlichen Geduld und Milde.

Er war recht klein und tat alles aus Gehorsam. Er sprach mit allen, auch mit den Fernstehenden und den Andersdenkenden. Er ist zweifellos ein Lehrmeister der kom-

munikativen Kreativität, der Personen und des geistlichen Lebens natürlich, weil er das innere Gespräch
pflegte. Faber ist ein Modell der Entscheidungsfindung
und der großen Entscheidungen aus seiner Milde, aus
seiner Kleinheit heraus. Gewiss, es mag sein, dass wir wenige und schwach sind, aber machen wir unsere Institute bitte nicht zu einer geschlossenen Armee. Suchen wir
nicht Zuflucht in einem Werk, um uns der Wirkkraft
des Charismas zu entziehen. Die Werke sind in dem Maße nützlich, in dem wir sie angemessen führen. Wenn sie
einmal aus der Mode sind, dann müssen sie entweder erneuert oder besser aufgegeben werden.

Was die Schulen betrifft, so mangelt es vielleicht dort am
meisten an Entscheidungsfindung. Bei einigen Kongregationen hat die Illusion Einzug gehalten, die Bildungs-
arbeit und die Schulen den Laien zu überlassen. Daher
wurden Kommissionen von Laien geschaffen, denen
man die Schulen überlassen hat, vielleicht jedoch ohne
Perspektive. Sie wurden der gerade vorhandenen Kommission von Laien überlassen, aber dann, nach anderthalb Jahren, wurde die Kommission erneuert, das Personal ausgetauscht, andere Personen kamen. Und wenn auf
diese Weise Veränderungen vorgenommen wurden, dann
verlor die Schule das Charisma und den Existenzgrund.

Soviel ich weiß, haben Kongregationen von Ordensbrüdern, die im Schuldienst tätig sind, wie die *Brüder der
christlichen Schulen*, in diesem Sinne gute Arbeit geleis-

tet. Auch viele andere Kongregationen, die im Schuldienst tätig sind, auch weibliche Kongregationen, arbeiten daran. Sie haben mit gutem Urteilsvermögen und Erfolg Laien in ihrer Spiritualität ausgebildet. Den gut ausgebildeten Laien, die wirklich ihre Spiritualität besaßen, haben sie Verantwortung übertragen; wenn sie ein Werk aufgeben mussten, wurde dieses so kraftvoll weitergeführt. Wenn man ein Werk aufgeben muss, dann muss man es aufgeben. Man muss die Werke jedoch immer in gute Hände legen.

Die Berufung: Ein Bundesschluss

Als Sie sich entschieden haben, sich dem Ordensleben zuzuwenden und Jesuit zu werden – was hat Sie an Jesus und am geweihten Leben am meisten angezogen oder zieht Sie auch heute noch an und verführt Sie?

Ich habe das Seminar auf einer Krankenbahre verlassen – oder besser gesagt: Ich bin hinausgetragen worden. Ich stand kurz vor dem Tod, mit einer Lungenentzündung, die der Arzt des Seminars sozusagen wie eine Erkältung oder eine Grippe behandeln wollte, mit Aspirin. Ich kam also an jenem Nachmittag ins Krankenhaus, und der Arzt, der mich behandelte, zusammen mit einer Ordensschwester, entfernte anderthalb Liter Wasser aus dem Lungenfell. Die Lungen waren voll Wasser. Sicher ist, dass sie mir das Leben gerettet haben. Mehr noch als der Arzt – er natürlich auch – war es die Schwester, die mich wirklich gerettet hat. Der Arzt hatte verschrieben, mir eine Dosis Antibiotika zu verabreichen (zwei verschiedene Antibiotika), aber als er gegangen war, sagte die italienische Ordensschwester Cornelia Caraglio von den Dominikanerinnen von Albi, die in Griechenland unterrichtet hatte: »Verdoppeln.« Eine kluge Schwester, ganz gewiss. Indem sie Anweisung gab, meine Dosis zu verdoppeln, rettete sie mir das Leben. Das war an einem 13. August. Ich erinnere mich, als wäre es heute gewesen. Einen Monat später wurde ich aus dem Krankenhaus entlassen, aber nicht für lange Zeit. Ich ging nach Hause, um mich zu erholen und im November zurückzukehren für die Operation, bei der mir der rechte Oberlappen einer der beiden Lungenflügel entfernt wurde.

Unter diesen Umständen dachte ich über mein Leben im Seminar nach. In mir kam der Wunsch auf … Ich weiß nicht, irgendwie missionarischer zu sein. So wurde bei mir die Idee des geweihten Lebens stärker als die des Seminars. Ich wollte nicht allein unterwegs sein. Ich mochte die Dominikaner und auch die Jesuiten. Bei all dem hat mir ein Salesianer sehr geholfen, der Priester, der mich getauft hat, und so landete ich in der Gesellschaft Jesu.

Was es ist, das mich am geweihten Leben und an der Gesellschaft Jesu angezogen hat? Ich weiß nicht. Vielleicht war ich sehr egoistisch und sehr auf mich selbst fixiert, aber das war der erste Schritt, der mir passiert ist, es war das, was mich drängte: mich hinschenken, nützlich sein, etwas tun. Ich würde sagen: Was mich damals angezogen hat, war das, was wir heute als »Verfügbarkeit für die Kirche« bezeichnen, zur Verfügung stehen für das, was mir aufgetragen wird. Die Person Jesu war natürlich schon immer da, sie ist seit dem ersten Ruf nie verschwunden, aber in jenem Augenblick, was die Entscheidung für das geweihte Leben angeht, hatte die »Verfügbarkeit für die Kirche« mehr Gewicht.

Das geweihte Leben: Prophetische Strahlkraft

Glauben Sie, dass diese Lebensform bei den jungen Menschen heute weiterhin genügend Begeisterung weckt, sodass diese ernsthaft in Betracht ziehen, sich für immer für ein solches Leben zu entscheiden?

Diese Frage ist schwer zu beantworten. Sie ist weitgreifend und komplex. Ich würde sagen, es kommt darauf an. Es kommt immer, und hier erfinde ich ein Wort, auf die »prophetische Strahlkraft« an, die das geweihte Leben besitzt. Ich meine, es kommt auf die Kraft an, die das geweihte Leben zeigt, wenn es das Herz eines jungen Menschen erreicht, der dem Herrn auf diesem Weg nachfolgen will. Und die Kraft der Berufung kommt immer in der Freude zum Ausdruck.

Wenn keine Kraft vorhanden ist, das Gründungscharisma auf diese Weise zu leben, dann zieht es niemanden an, oder es könnte höchstens gestörte oder kranke Menschen anziehen, was ein weiteres schwerwiegendes Problem ist, wenn es um den Eintritt in das geweihte Leben geht, denn es gibt Menschen, die das geweihte Leben als Zufluchtsort suchen. Wenn das geweihte Leben bei denen, die es leben, Kraft hat, dann erreicht es das Herz der jungen Menschen, die davon entzündet werden, die Botschaft verstehen und sich als Kandidaten melden.

Gewiss, manchmal ist es nicht einfach, die Berufungen zu begleiten und Entscheidungen zu finden ...

Ja, das ist nicht einfach. Es ist eine große Herausforderung für die Ausbilder. Immer schon hat es junge Menschen gegeben, die Schutz im Institut suchen. Das gibt es auch in den Diözesanseminaren. Es gibt einige Ordensgemeinschaften, männliche und weibliche, die immer noch nicht begriffen haben, wie notwendig es heute ist, die Berufungen, die zu ihnen kommen, sorgfältig zu prüfen und eine gute Auswahl unter ihnen zu treffen. Wenn man junge Menschen aufnimmt, die keine aufrichtige Berufung haben, keine klare Leidenschaft, Jesus nachzufolgen und wie er zu leben, und die in einem solchen Institut Zuflucht suchen, dann belastet man damit die Zukunft des eigenen Instituts oder die des Presbyteriums. Man kann keine Personen aufnehmen, die nicht geeignet sind, und auch keine Personen mit ernsthaften Problemen, die meinen, im geweihten Leben davor Schutz zu finden.

Es kann junge Menschen geben, die danach suchen, oder nach reiner Selbstverwirklichung, vielleicht unbewusst ... Daher muss man vorsichtig vorgehen. In Wirklichkeit tritt keiner von uns, außer vielleicht den Heiligen, aus hundertprozentig lauteren Beweggründen in das geweihte Leben ein. Das ist sicher. Wir alle hatten immer irgendeine nicht ganz lautere Motivation für den Eintritt, manchmal unbewusst, aber die grundlegende, wesentliche Lauterkeit der Beweggründe war vorhanden. Sie wurde dann zurechtgefeilt, bearbeitet und geläutert und wurde immer stärker, je mehr Fortschritte man machte. Aber schon von vornherein einzutreten, um im geweihten Leben Zuflucht zu suchen, das darf nicht sein. Man muss die Augen offenhalten, damit keine Dinge geschehen, die wir später bereuen könnten.

Ich erinnere mich an einen Fall aus dem Jahr 1972, als ich Novizenmeister war. Bei uns Jesuiten war es üblich, die Novizen und Vornovizen einem Test zu unterziehen. Ein oder zwei Jahre lang setzten diese jungen Männer ihr Studium oder ihre Arbeit dort, wo sie waren, fort und kamen am Samstag und Sonntag ins Noviziat, um dort das Wochenende zu verbringen. Dort konnte man sie kennenlernen, indem sie mit den Novizen spielten, Fußball oder was auch immer. Sie sprachen mit mir, und sie sprachen mit den anderen jungen Männern. Sie lernten die anderen kennen, und die anderen lernten sie kennen. Mit denen, die in die Gesellschaft Jesu eintreten wollten, machten wir dann einen einfachen, aber tiefgehenden, ernsthaften Persönlichkeitstest. Nichts Außergewöhnliches, aber er war gut gemacht und wurde von einer Psychiaterin, die uns nahestand und sehr kompetent war, ausgewertet. Sie war, so meine ich mich zu erinnern, eine der fünf besten Auswerterinnen des Rorschachtests[17] in Argentinien.

Ich erinnere mich, dass ich einmal wegen zwei junger Männer zu ihr ging. Einer war ziemlich unscheinbar, ein Junge, der kaum Persönlichkeit besaß. Und ich dachte: »Den wird sie sicher abweisen.« Der andere war sehr intelligent. Ich dachte: »Der schneidet sicher gut ab.« Sie begann mit dem ersten und sagte: »Ja, dieser Junge hat da und dort einen Mangel an Persönlichkeit ... Andererseits hat er aber diese und jene guten Qualitäten und diesen Reichtum ... Wenn Sie ihm helfen, diese und jene Seite zu fördern, dann können Sie einen guten Priester aus ihm machen. Ich glaube, er kann weitermachen und gut zurechtkommen. Alles hängt davon ab, wie Sie ihm helfen und ihn heranreifen lassen. Der andere definitiv nein.«

Ich konnte es nicht glauben. »Aber Frau Doktor ..., wenn er doch so intelligent ist.« »Ja«, sagte sie, »aber dieser junge Mann sucht einen Zufluchtsort im geweihten Leben, weil er dieses und jenes Problem hat, im Unterbewusstsein.« Ich fragte sie dann, ob es nicht möglich sei, ihm vielleicht zu helfen … »Nein, definitiv nicht, denn er ist krank, ohne es zu wissen. Er sucht unbewusst einen Zufluchtsort, eine Luxusunterkunft.« Ich sagte noch einmal: »Schauen Sie, es fällt mir schwer, das zu verstehen …« Sie blickte mich an sagte: »Schauen Sie, Pater, es gibt Menschen, die krank sind.« Und weiter sagte sie: »Im Unterbewusstsein wissen sie, dass sie krank sind, und im Unterbewusstsein wissen sie, dass sie unheilbar krank sind, daher suchen sie eine Struktur, die ihnen im Leben Schutz bietet. Sie suchen nach einer bestimmten Art von Einrichtung, in der sie leben können – so als wäre es ein Krankenhaus, das ihnen Sicherheit gibt. Aber später, wenn sie einmal abgesichert sind, dann beginnt die Krankheit zu wachsen und gelangt ins Bewusstsein, und es gibt viele Fälle von Perversion. Sie suchen solide Institutionen, in denen man in einem formalen System lebt …«

Ich sage noch einmal: Man muss sehr viel Vorsicht und Aufmerksamkeit walten lassen gegenüber jenen, die man im geweihten Leben und in den Seminaren aufnimmt.

Treue auf Probe

Kommt Ihnen das »Für Immer« heute nicht etwas hochgegriffen vor? Könnte das vielleicht einer der Gründe sein, warum es schwierig ist, eine Berufung zum geweihten Leben anzunehmen?

Dasselbe gilt auch für Ehe, nicht wahr? Wenn das »Für Immer« schwach ist, dann ist jeder Grund gut genug, den begonnenen Weg zu verlassen, sich zu trennen. Wenn der nicht geht, dann suche ich mir einen anderen, suche ich mir eine andere ... Und so sind heute viele im Leben unterwegs. Auch im geweihten Leben gibt es Zweigleisigkeit, Doppelleben, Hintertürchen ... Oder ich gehe einfach, und das war's dann. Das »Für Immer« ist heute sehr schwierig. Die Beweggründe sind nicht stark. Das gilt für die Ehe ebenso wie für das geweihte Leben und für das Priesteramt. Man braucht eine vorherige Unterweisung, einen Reifeprozess.

Ein Bischof hat mir erzählt, dass einmal ein junger Mann zu ihm kam, der gerade sein Studium an der Universität abschloss und zu ihm sagte: »Ich möchte Pfarrer werden, aber nur für zehn Jahre.« Stell dir vor! Das ist die Kultur von heute. Wir leben in der Kultur des Provisorischen. Ich erinnere mich an ein sehr gutes Buch von José Comblin, das wohl schon lange vergriffen ist. Es ist ein Buch, das vor mindestens 60 Jahren erschienen ist, mit dem Titel *O provisório e o definitivo* [dt.: Das Provisorische und das Endgültige]. Es ist ein Klassiker, um all das zu verstehen, was heute geschieht. Endgültige Entscheidungen sind nicht in Mode, gewiss nicht.

Was würden Sie Eltern sagen, deren Sohn oder Tochter die Entscheidung trifft, in eine Kongregation oder in ein Klausurkloster einzutreten?

Aufgrund meiner Erfahrung und durch das, was ich bei anderen sehe, bin ich überzeugt, dass ich, wenn ich Vater wäre, mein Kind gut kennen würde. Ich würde es zumindest versuchen. Eltern wissen, ob das, was ihr Kind lebt, die Realität ist oder nicht. Ein Vater oder eine Mutter haben ein ganz natürliches »Gespür« dafür. Und sie merken, ob das, was das Kind erlebt, einfach nur eine Begeisterung ist. Ich glaube, dass es für Eltern, die vom Gespür her erkennen, dass ihr Kind kein »Hitzkopf« ist, normal ist, es auf seinem Weg langsam zu begleiten und auch dafür zu sorgen, dass es gut beraten wird.

Ich kenne aus nächster Nähe den Fall eines Mannes, der hier im Speisesaal des Hauses arbeitet. Seine Frau hat auch hier gearbeitet. Eine sehr gute Frau, die vor zwei Jahren an Krebs gestorben ist. Das Ehepaar hatte zwei Kinder von 22 und 21 Jahren. Der 22-jährige ist Koch und hat gute Aussichten. Er ist tüchtig, arbeitet hart, ist verantwortungsbewusst … Er hat begonnen, sich seiner Pfarrei zu nähern und hat dann Aufgaben und später die Katechese übernommen. Vor etwas über einem Monat hat er seinem Vater gesagt, dass er in das Seminar der Diözese eintreten wolle. Der Vater ist glücklich. Ich sage ihm: »Das schickt deine Frau vom Himmel.« »Ja« sagt er, aber ich freue mich, weil er weiß, was er tut.« Der andere ist verlobt, die Heirat steht noch bevor.

Der Vater hat hier gespürt, dass der junge Mann es richtigmacht, daher nimmt er es ernst. Ein junger Mann, der mit 22 Jahren einen Beruf mit Zukunftsaussichten hat, seine Demut bewahrt und begonnen hat, in der Pfarrei mitzuarbeiten und Pflichten zu übernehmen, sich um die Armen zu kümmern, dann um die Jugendlichen und so weiter, der also ein normaler junger Mann ist, der ausgeglichen ist und in Kontinuität mit dem steht, was er in den letzten Jahren gelebt hat, an dem gibt es keinen Zweifel.

Das »Gespür« lässt ihn erkennen, dass all das gut fokussiert ist. Wenn der Sohn spürt, dass Jesus ihn ruft, dann sollten die Eltern nicht zögern, ihn zu begleiten. Wenn ein Vater oder eine Mutter dagegen sehen, dass ihr Sohn ein »Hitzkopf« ist und eines Tages ankommt und sagt, dass er Pfarrer werden will, obwohl er letzte Woche noch Rennfahrer oder sonst etwas werden wollte, dann müssen sie ihn aus größerer Nähe begleiten. Die Eltern kennen ihre Kinder und wissen, ob sie sich freuen können oder sich Sorgen machen müssen, wenn ein Kind eine Entscheidung dieser Art treffen will.

Als Sie sich entschlossen haben, ins Seminar einzutreten, wie hat Ihre Familie darauf reagiert?

Als ich zu Hause gesagt habe, dass ich ins Seminar eintreten möchte, haben mein Vater und meine Großmutter es auf Anhieb sehr gut verstanden, und sie haben mich sofort begleitet. Meine Mutter anfangs nicht. Sie war etwas verärgert. Zu Beginn hat sie Widerstand geleistet. Sie sah keinen Sinn darin. »Er soll erst die Universität abschließen.« Man sieht, dass sie mich nicht für reif genug hielt. Sie hatte ein gewisses Bauchgefühl, aber anfangs war sie misstrauisch. Später, ja, da hat sie mich das ganze Leben hindurch begleitet. Mein Vater hat es dagegen sofort erkannt.

Wenn die Ars moriendi das Charisma tötet

In einer Ihrer Ansprachen an das geweihte Leben haben Sie gesagt: »Macht euch nicht vom Alter oder von der Zahl abhängig.« Was können wir als geweihte Personen tun, um den Mut zu behalten und uns der Überalterung und dem Mangel an Berufungen in unseren Instituten zu stellen?

Eine Sache, die in den vergangenen Jahren im geweihten Leben in Europa in Mode gekommen ist, ist die *Ars bene moriendi.* Ich kenne zwei Ordensinstitute, zwei Provinzen, die diese Entscheidung getroffen haben. In diesen Provinzen wurde entschieden, das Noviziat zu schließen. Wenn doch jemand kam und eintreten wollte, dann wurde er in eine andere Provinz geschickt, da sie ihn nicht aufnahmen: »Gehen Sie in eine andere Provinz, hier wird niemand mehr aufgenommen.« In eines dieser Institute kam ein neuer Generaloberer, dem es gelang, die Situation rückgängig zu machen, aber es war ein hartes Stück Arbeit. Einige sind zutiefst überzeugt: »Das bringt nichts mehr … Daher wollen wir lieber gut und würdevoll sterben.« Auch einige weibliche Institute haben diese Entscheidung getroffen. Es sind keine schlechten Ordensmänner und Ordensfrauen, aber sie waren zutiefst überzeugt, die letzten zu sein. Sie konnten sich nicht aufraffen, Kinder zu haben.

Auch wenn es von vornherein ehrlich erscheinen mochte, so ließ es dann im Grunde doch erkennen, dass man eine andere Art von Sicherheit, vielleicht eine weltlichere Sicherheit, suchte. Sehr typisch ist die Sicherheit des Geldes. Einige Kongregationen beginnen, ihren Besitz zu verkaufen, um Geld zu haben »für das, was kommen kann«. Ich habe das in verschiedenen Kongregationen gesehen. Das bedeutet, im Geld Zuflucht zu nehmen: Man verkauft den Besitz, und man häuft Geld an, um im Alter abgesichert zu sein und das eigene Pflegepersonal bezahlen zu können.

Das ist schlimm. Es ist eine Sichtweise, die ich dem geweihten Leben bei mehr als einer Gelegenheit vorgeworfen habe, denn es berührt das Problem der Armut, das für mich absolut zentral ist, in vollem Ausmaß.

Auch im Leben der Kirche allgemein?

Ja. Aber besonders im geweihten Leben.

Den Herrn bitten

Und was geschieht, wenn wirklich keine Berufungen kommen? Wenn der Herr uns keine Berufungen schickt, was sollen wir dann tun?

Ihn darum bitten. Wir müssen den Herrn fragen: »Was ist los?« Fragen wir die Oberen, fragen wir einander in der Gemeinschaft, unter uns, fragen wir den Bischof, die Kongregation. Wir müssen danach suchen, dass sie uns den Augenblick erleuchten, und wenn wir einmal gefragt haben, untersucht haben, eine gute Entscheidungsfindung vorgenommen haben, müssen wir entscheiden. Aber Lösungen zur »Rückversicherung« sind nie fruchtbar. Nie. Das einzige, was diese Lösungen tun, ist, das Ende zu verlängern, auch wenn sie uns ein »Fünf-Sterne-Hotel« für die letzten Tage zusichern. Das darf nicht sein.

Und die Klausurklöster, die keine Berufungen haben, in denen ein Jahr, zehn Jahre vergehen … Ohne dass Berufungen kommen?

Ihnen würde ich dasselbe sagen. Sie müssen sich fragen: »Was ist der Wille Gottes in dieser Situation?« Wenn der Bischof oder der Heilige Stuhl ihnen sagt: »Schauen Sie, Schwestern, Sie sind nur noch vier und bereits in fortgeschrittenem Alter. Sie sollten in dieses oder jenes andere Kloster umsiedeln …«, und einige antworten: »Ach nein! Das hier ist unser Leben, dieses Kloster ist viele Jahrhunderte alt, all das Kulturerbe und dies und das …«. Wenn sie so antworten und am Ende nicht umsiedeln wollen, dann ist das Starrsinn. Und wo Starrsinn vorhanden ist, sind die Herzen verschlossen gegenüber der Fruchtbarkeit. Und so bleiben sie und sterben in einem Kloster, allein. Das entspricht nicht der Würde des kontemplativen geweihten Lebens. Es widerspricht seinem tiefsten Daseinsgrund.

Wie können wir uns darauf vorbereiten, die möglichen Berufungen besser aufzunehmen oder bei den Jugendlichen die Leidenschaft zu wecken, Jesus in dieser Lebensform nachzufolgen? Haben Sie in diesem Zusammenhang irgendeinen Rat?

Ja: Sie mögen die Freude der Weihe leben. Sie müssen ein Zeuge sein, der seine Weihe mit Freude lebt. Die jungen Menschen sehen das und kommen auf Sie zu. Es ist die Kraft der Berufung, die sie sehen. Wenn sie dagegen gelangweilte Menschen sehen, Menschen, die ihre Konflikte nicht zu lösen verstehen, dann kommen sie nicht, melden sich nicht als Kandidaten. Wichtig ist letztlich das Zeugnis einer mit Freude gelebten Weihe. Mehr bedarf es nicht. Das ist die beste Werbung.

Der Triumph Jesu: Das Kreuz

In den letzten Jahren sind an verschiedenen Orten der westlichen Welt einige Institute und Klöster entstanden, die ei-

nen gewissen »Boom« erlebt haben, was die Berufungen betrifft. Was ist davon zu halten?

Natürlich weht der Heilige Geist, wo er will und wann er will. Dagegen gibt es nichts einzuwenden. Gott hat die Macht zu rufen, wen er will, wann er will, wie er will. Was mich betrifft, so macht es mich dennoch hellhörig, dass dieses Phänomen manchmal mit einem gewissen Triumphalismus verbunden ist. Und der Triumphalismus überzeugt mich wahrhaftig nicht. Ich misstraue Phänomenen der Fruchtbarkeit wie »aus dem Reagenzglas« und triumphalistischen Phänomenen und Botschaften, die uns weismachen wollen, dass das Heil hier oder da zu finden ist. Einige Kongregationen traten auf, als seien sie die Rettung des geweihten Lebens, sowohl des apostolischen als auch des kontemplativen geweihten Lebens. Man sollte auf sie schauen. Sie waren das neue Modell. Sie haben auch viele Hirten überzeugt, sie zu bevorzugen. Einige haben sogar nach Wegen gesucht, sie wirtschaftlich zu unterstützen. Einige Hirten, ich habe mehrere kennengelernt, waren beeindruckt von ihrer Anziehungskraft für Berufungen oder von dem vorbildlichen gottesfürchtigen Leben, das sie zu führen schienen. Sie waren das neue geweihte Leben, sie würden die Lösung und das Modell für die althergebrachten und gealterten Orden und Kongregationen sein … Und es stellte sich heraus, dass in einigen von ihnen später Dinge zum Ausbruch kamen, die eine beträchtliche innere Korruption aufzeigten.

Es tut uns gut zu wissen, dass wir nicht der Messias sind. Diese Art von »Rettern« macht mich eher misstrauisch. Das ist nicht die Fruchtbarkeit des Evangeliums. Wo Triumphalismus herrscht, da ist Jesus nicht gegenwärtig. Oder wenn es nur einen einzigen Triumphalismus gibt, in dem Jesus gegenwärtig ist, dann dort, wo dieser Triumphalismus dem Karfreitag vorausgeht. Der einzige wirkliche Triumphalismus, der eine Daseinsberechtigung hat, ist der des Palmsonntags. Dort ist der Herr gegenwärtig. Dieser Triumphalismus sagt dir: »Mach dich bereit für das, was kommen wird ...« Es gibt keine magischen Lösungen. Das ist meine Auffassung: Der Triumphalismus kommt nie von Jesus. Der Triumph Jesu, der wahre Triumph, liegt immer im Kreuz.

Und was ist mit dem, das man heute als neue Formen des geweihten Lebens versteht? Was lässt sich über die neuen Ordensfamilien und Kongregationen sagen, die die Weihe in gemischten Gemeinschaften, Männer und Frauen, und mit Laien leben wollen?

Ich denke, dass diese neuen Formen des geweihten Lebens ihre Identität heute weiter vertiefen und klären müssen. Die Neuheit, die sie mitbringen, muss besser geklärt werden. Ich würde sagen, dass man sie suchen muss, aber mit einer Unterscheidung der Geister. Diese Formen müssen begleitet werden, sie müssen Menschen an ihrer Seite haben, die sie begleiten und ihnen helfen, Dinge zu klären, Entscheidungen zu finden ... Denn sie könnten auch in einer gewissen Illusion leben. Sicher ist, dass es sich um eine noch sehr junge Wirklichkeit handelt, die Zeit zum Reifen und zur Reflexion benötigt.

Einige dieser neuen Kongregationen sind etwas restaurativ, sie neigen dazu, alte Gebräuche und Dinge wiederherzustellen, mit denen man sich mehr auseinandersetzen müsste und die man besser untersuchen müsste, mit besserer Urteilskraft, immer im Rahmen der Kirche und der Zeit, in der wir leben. Für mich ist das Grundkriterium zur Beurteilung einer Gemeinschaft immer durch jene »drei P« gegeben, über die ich in einer Begegnung mit geweihten Personen gesprochen habe: Ich meine das »P« von »pobreza« [Armut], das »P« von »plegaria« [Gebet] und das »P« von »paciencia« [Geduld].

Die Armut ist etwas Grundlegendes. Sie ist das Rückgrat, sie ist entscheidend. Wenn die Armut fehlt, fällt alles zusammen. Der Triumphalismus, von dem ich gerade gesprochen habe, ist auch ein Mangel an Armut, die Eitelkeit, sicher zu sein, aber hier meine ich die wirtschaftliche Armut. Die Armut ist etwas Entscheidendes.

Was das Gebet betrifft, so ist zu sagen, dass es wahrhaftig sein muss. Wenn man nicht gut betet, dann geht es nicht voran. Beten können, beten lernen ist sehr wichtig. Das geweihte Leben muss ein ernsthaftes Gebetsleben besitzen. Natürlich das gemeinschaftliche, liturgische Gebet etc., aber auch das Gebet jeder einzelnen geweihten Person. Gut zu beten bedeutet, sich vor Gottes Angesicht zu stellen, ihn anzubeten, zu spüren, dass man ihn braucht, mit Demut, im Wissen, ein Sünder, ein Sohn, ein Bruder der anderen, vor allem der Schwächeren zu sein. Die Stimme Gottes zu hören muss uns helfen, das zu verstehen, was um uns herum geschieht.

[Hier unterbreche ich Franziskus kurz und bitte ihn, etwas näher zu erläutern, was er mit »Anbetung« meint. Es ist etwas, das uns Claretiner-Missionaren im letzten Generalkapitel ans Herz gelegt wurde und das dann eine gewisse Debatte unter uns ausgelöst hat.]

Es geht darum, dass wir geweihten Personen, alle Christen ganz allgemein, den Herrn im Geist und in der Wahrheit anbeten müssen. Es geht nicht nur darum, das Allerheiligste im Tabernakel anzubeten. Es ist mehr als das. Gewöhnlich pflegen wir uns dem Herrn durch das Bittgebet oder auch durch das Dankgebet zu nähern. Die Anbetung ist jedoch etwas, das dich entblößt und dich so vor Gott stellt wie du bist. Anzubeten bedeutet zu sagen: »Du bist groß, ich bin nichts.« Es bedeutet, in der Gegenwart Gottes zu stehen. Das geschieht durch die formale Anbetung des Allerheiligsten, aber es geschieht auch durch jene grundlegende Demut, die die Person leitet, die ihr geweihtes Leben aufrichtig lebt. Dieser Geist des Gebets ist es, der die grundlegende Demut des geweihten Menschen hervorbringt. Wir haben die Fähigkeit zur Anbetung verloren, ebenso wie wir teilweise die Fähigkeit zum Lobpreis verloren haben. Durch die Charismatische Erneuerung erlangen wir diese Fähigkeit zum Lobpreis jetzt wieder ein wenig zurück. Aber die Anbetung ist immer noch eine Herausforderung. Wir müssen jenen Geist der Anbetung des Vaters im Geist und in der Wahrheit zurückgewinnen, den man natürlich auch im formalen Gebet wachsen lässt, in der stillen Anbetung. Die Anbetung hilft uns vor allem, vor Gott den richtigen Platz einzunehmen und zu ihm zu sagen: »Du allein bist heilig, du allein der Herr, du allein der Höchste, Jesus Christus ...«

Und die Geduld?

Die Geduld wiederum bedeutet zu lernen, einander zu tolerieren. Dadurch wird die Gemeinschaft wirklich wie ein Teig »durchgeknetet«. Es geht darum, einander aktiv zu tolerieren, einander von Herzen zu helfen. Es ist die Geduld, auf den Bruder zu warten, wenn man unterwegs ist, wie der heilige Ignatius gesagt hat. Das ist mir beim heiligen Ignatius immer aufgefallen. Er hatte praktische Regeln, wie die *Pilgerregel*. Wenn man mit einem anderen Gefährten unterwegs sei, so sagte er, und einer zu schnell gehe, so sei das nicht in Ordnung. Er sagte, man müsse sich dem Schritt dessen anpassen, der am langsamsten gehe, also Geduld haben mit den Grenzen des anderen ... Auf das Gemeinschaftsleben und die geweihten Personen angewandt würde ich sagen, dass es darum geht, einander zu ertragen und in dieser gegenseitigen Geduld miteinander Gemeinschaft zu pflegen.

Ausbildung zum Dienst am heiligen gläubigen Volk Gottes

Bei einigen Gelegenheiten haben Sie über die Ausbildung zum geweihten Leben als »handwerkliche« statt »polizeiliche« Tätigkeit gesprochen. Könnten Sie etwas näher erläutern, was Sie damit meinen?

Ich meine einen Ausbildungsstil, der die Person so wertschätzen muss wie sie ist: die Kandidaten oder Auszubildenden, Männer und Frauen, so wertschätzen wie sie kommen, um sie nach und nach zu begleiten, den Grundsätzen des Charismas entsprechend. Das ist handwerklich. Sie anschauen und begleiten, Schritt für Schritt: sie in der Lehre unterweisen, ihnen zuhören – vor allem das anhören, was sie in sich spüren –, sie lehren, Entscheidungen zu treffen von dem her, was sie mitbringen und was sie sind. Der polizeiliche Stil dagegen, um es mit diesem Bild zu sagen, ist ein Stil, der die Person kontrollieren will, damit sie die Regeln und Gebote befolgt. Wenn sie sie nicht befolgt, wird sie ausgesondert. Wenn sie sie befolgt, ist alles gut. Es gibt keine Begleitung in ihrem Wachstum, sondern der junge Mensch muss sich nur an das anpassen, was vorgeschrieben ist. Und das übertüncht auf Dauer Probleme, die später zum Vorschein kommen können.

Das Wachstum einer Person ist immer handwerklich, auch in den Familien. Wenn die Eltern ihre Kinder nicht begleiten und sie allein lassen, dann geht das schlecht aus, dann wachsen sie nicht gut auf. Die Eltern müssen da sein, ein gutes Umfeld schaffen, rechtzeitig deutlich »nein« sagen und den Kindern erklären, warum sie »nein« und nicht »ja« sagen. Man muss den Kindern folgen, sie begleiten.

Heute kann die Ausbildung nur als persönliche Begleitung verstanden werden. Es ist durchaus nicht einfach, heute Ausbilder zu sein, ebenso wie es nicht einfach ist, Vater oder Mutter zu sein. Die Ausbilder müssen geistliche Eltern sein und diese Fähigkeiten besitzen; sie müssen Männer und Frauen mit Unterscheidungsgabe, Frömmigkeit, Geduld sein. Gewiss ist es heutzutage schwierig, Ausbilder zu sein. Sehr schwierig. Es gibt keine starren Verhaltensmuster. Du hast das Charisma des Instituts, die Grundbegriffe und die Erfahrung des geweihten Lebens, du hast das Evangelium und … Gott stehe dir bei!

Sie sagen auch immer wieder, dass eine »ganzheitliche« Ausbildung der Person stattfinden muss, und dass es wichtig ist, das gläubige Volk Gottes als Horizont zu haben. Sie haben sogar gesagt, dass man achtgeben muss, keine »Ungeheuer« zu schaffen. Was können Sie dazu sagen?

Ich beantworte diese Frage von unten nach oben. Von den Folgen einer verkehrten Ausbildung her. Wir haben vorhin über die große Bedeutung der Auswahl der Kandidaten gesprochen. Jetzt geht es um die Ausbildung derer, die bereits angekommen sind und ihren Weg beginnen, um die Priester und die geweihten Personen von morgen. Eine der Folgen einer schlechten Ausbildung, die mir am meisten Sorgen bereiten, ist der Klerikalismus. Das ist zweifellos eine der schlimmsten Perversionen des geweihten Lebens. Er ist eine Perversion des Lebens der Kirche ganz allgemein, daher muss man im geweihten Leben und in der Ausbildung der Seminaristen in den Diözesen darauf sehr achten. Er ist eine Perversion, weil er das pervertiert, was die Natur der Kirche, des heiligen gläubigen Volkes Gottes ist, wie die Konzilskonstitution *Lumen gentium* es beschreibt. Das ist etwas Grundlegendes, denn sie sollen dem Volk Gottes dienen.

In welchem Sinne kann man im Ordensleben von Klerikalismus sprechen?

Man muss kein Kleriker sein, um klerikal zu sein. Es gibt einen Klerikalismus, der in den Personen zum Ausdruck kommt, die ein »exklusives« Gebaren an den Tag legen, hochnäsig sind, »exklusiv« im negativen Sinne. Sie haben anderen gegenüber ein aristokratisches Auftreten. Der Klerikalismus ist eine Form der Aristokratie. Man kann auch als geweihter Bruder oder als Ordensfrau klerikal sein. Man ist nicht klerikal, weil man die Messe feiert, sondern weil man meint, zu dieser Aristokratie zu gehören. Das bringt im Allgemeinen eine aristokratische Lebensweise mit sich, die zum Ausdruck bringen soll, dass man über dem übrigen heiligen gläubigen Volk Gottes steht. Wo es Klerikalismus, »Aristokratismus«, Elitedenken gibt, da ist nicht das Volk Gottes, das dir letztlich deinen Platz gibt.

Wer dir in der Kirche deinen Platz gibt, ist das heilige gläubige Volk Gottes. Es ist die Nähe zu den Menschen der Pfarrgemeinde; für den, der in einer Schule tätig ist, sind es die Eltern der Kinder und die Kinder selbst; für den, der im Krankenhaus tätig ist, sind es die Kranken, die ihm seinen Platz geben. Der klerikale Ordensmann ist nicht eingegliedert. Dort liegt der Schlüssel. Das Wort »Eingliederung« ist entscheidend. Es ist eines der Worte, für die man in der Nachkonzilszeit ein gutes Gespür hatte. Manchmal wurde es vielleicht nicht gut gebraucht, denn es ist später zurückgegangen, aber ich glaube ehrlich, dass es ein vom Heiligen Geist inspiriertes Wort ist, denn es entspricht dem, was auf dem Bild von Rupnik zu sehen ist, das an der Wand hängt. Es ist die *synkatábasis* (Kenosis) Jesu, der sich erniedrigt hat, um sich in das Volk einzugliedern.

Und der Klerikalismus ist das Gegenteil der Eingliederung. Der Klerikale gehört einer Elite an und erkennt sich nicht im Volk wieder. Daraus können dann viele Konsequenzen entstehen, vor allem dann, wenn die Macht missbraucht wird. Der Klerikalismus ist die Wurzel vieler Probleme, wie wir gegenwärtig sehen. Auch hinter den Missbrauchsfällen steht, neben anderen Formen von Unreife und Neurosen, der Klerikalismus. Darauf muss man in der Ausbildung sehr aufpassen. Man muss Formen der Unreife erkennen und helfen, sie zu beseitigen, und das gesunde Wachstum begleiten.

Wir haben von der Notwendigkeit einer ganzheitlichen Ausbildung gesprochen …

Ja, die Ausbildung muss alle wichtigen Dimensionen der Person einbeziehen. Das gilt für die geweihten Personen ebenso wie für die Seminaristen der Diözesen. Die Ausbildung muss auf vier Grundpfeilern ruhen: das geistliche Leben, das Gemeinschaftsleben, das Studienleben und das apostolische Leben. All das muss in Wechselbeziehung zueinander stehen. Die in der Ausbildung befindliche Person muss in einen Rahmen gestellt werden. Das Gemeinschaftsleben ist sehr wichtig, denn dort werden die Grenzen offenbar, durch die Gegenüberstellung. Man lernt sich selbst kennen und wird kennengelernt. Das sieht man sehr deutlich. Wenn der Ausbilder sieht, dass jemand mit den Grenzen nicht gut zurechtkommt, dann muss er genau hinschauen, denn dort sind Anzeichen für Neurosen oder irgendeine Form der Unreife vorhanden, von denen man sehen muss, wie man sie angehen, damit umgehen, sie beseitigen kann … Aber man darf – Gott bewahre! – weder seine Grenzen noch die der anderen verletzen. Sie müssen richtig behandelt werden. In den vier Dimensionen.

Die Grenzen richtig behandeln

Könnten Sie etwas genauer erläutern, was Sie damit meinen, die Grenzen richtig zu »behandeln«?

Ich meine, dass man sich nicht davor fürchten muss, sondern die Personen begleiten und wenn möglich daran arbeiten muss, sie zu überwinden. Ich erzähle dir eine Anekdote: Ein Priester hatte sich verliebt und ging hin, um es seinem Bischof zu erzählen. Er wusste nicht, was er tun sollte. Er dachte, dass er vielleicht alles aufgeben müsse … Das Gefühl, verliebt zu sein, versetzte ihn in solche Furcht, dass er die Frau ständig aufsuchte und immer mehr in den Schlamassel geriet. Da war nichts, er war nur besessen von dieser – vielleicht etwas pubertären – Empfindung, aber er fürchtete sich, und das erste, was ihm in den Sinn kam, war, zum Bischof zu gehen, um es ihm zu erzählen … Das war klug von ihm. Wie erlösend kann es sein, sich einem Vater anzuvertrauen! Krisen und Probleme kommen. Man darf sich nicht davor fürchten.

Ich sage immer zu den Pfarrern: Bitte verletzt die Grenzen der Menschen nicht. Wenn jemand kommt, um zu beichten, dann lasst ihn beichten wie er will. Stochere nicht hier und da herum, überschreite nicht die Grenzen seiner Wunden. Gib ihm gegebenenfalls die Ratschläge, die du ihm geben willst und die er annehmen kann. Nach seinem Maß; nur einen, der geeignet ist, aber lass stets die Tür offen, damit er zurückkehren kann. Er soll sagen: »Was für ein guter Pfarrer, ich komme wieder.«

Gestatte mir, dir noch eine Geschichte zu erzählen, über Amelio Luis Calori, einen Pfarrer in Buenos Aires, den ich als Kind kannte und auch noch später, als ich schon ein junger Mann war. Danach war er Pfarrer in einer wichtigen Pfarrei. Ich habe viel von ihm gelernt. In meinen Augen war er ein Mann Gottes, und er war auch ein Dichter. Ich erinnere mich an ein sehr schönes Gedicht an die Jungfrau Maria, wo er zu ihr sagte: »Ich bin ein Pirat auf rauer See …« Es war ein wunderschönes Gedicht, in dem er am Schluss zur Jungfrau Maria sagt, aus Reue über seine Fehler: »An diesem Abend, meine Herrin, / gelobe ich aufrichtig; / für die Zweifel vergiss nicht, / den Schlüssel stecken zu lassen.«

Immer muss man einen Raum lassen, eine offene Tür, ohne die Grenzen zu verletzen. Man muss den Büßer ebenso wie den jungen Mann oder die junge Frau in der Ausbildung unterstützen und ihnen bis dorthin helfen, wo ihre Schmerzgrenze erreicht ist. Das halte ich in der Ausbildung für notwendig: die jungen Menschen ausbilden, ohne ihre Grenzen zu verletzen. Man muss auch darauf achten, wen man zum Ausbilder macht. Es hat auch schon neurotische Ausbilder gegeben, die die Grenzen der jungen Menschen verletzt und sie, statt ihnen beim Wachstum zu helfen, zermalmt haben. Gute Ausbilder zu suchen ist ebenfalls sehr wichtig.

Gibt es Grenzen, die in der Ausbildung nicht toleriert werden dürfen?

Natürlich. Kandidaten mit Neurosen oder starker psychischer Instabilität, die auch mit therapeutischer Hilfe schwer zu überwinden sind, dürfen weder zum Priesteramt noch zum geweihten Leben zugelassen werden. Man muss ihnen helfen, einen anderen Ort zu finden, man darf sie nicht verlassen. Man muss ihnen Orientierung geben, aber wir dürfen sie nicht zulassen. Wir müssen immer daran denken, dass diese Personen im Dienst der Kirche, der christlichen Gemeinde, des Volkes Gottes stehen werden. Wir dürfen diesen Horizont nicht vergessen. Wir müssen achtgeben, dass sie auf psychischer und affektiver Ebene gesund sind.

Es ist kein Geheimnis, dass es im geweihten Leben und im Klerus auch Menschen mit homosexuellen Neigungen gibt. Was lässt sich dazu sagen?

Es ist etwas, das mir Sorge bereitet, denn vielleicht hat man zu einem bestimmten Zeitpunkt nicht gut hingeschaut. Übereinstimmend mit dem, worüber wir gerade sprechen, würde ich sagen, dass wir bei der Ausbildung sehr auf die menschliche und affektive Reife achten müssen. Wir müssen eine ernsthafte Entscheidungsfindung vornehmen und auf die Stimme der Erfahrung hören, die die Kirche auch hat. Wenn die Entscheidungsfindung bei all dem nicht gepflegt wird, nehmen die Probleme zu. Wie ich bereits gesagt habe, sind sie im Moment vielleicht nicht ersichtlich, aber später treten sie zutage.

Die Frage der Homosexualität ist eine sehr ernste Frage, die mit den Kandidaten, wenn dies der Fall ist, von Anfang an angemessen in Betracht gezogen werden muss. Wir müssen hohe Ansprüche stellen. In unserer Gesellschaft scheint Homosexualität sogar in Mode zu sein, und diese Denkweise beeinflusst in gewisser Weise auch das Leben der Kirche.

Ich hatte einmal einen Bischof hier, der mir ziemlich empört berichtete, dass er erfahren hatte, dass es in seiner Diözese, einer sehr großen Diözese, mehrere homosexuelle Priester gab und er sich all dem stellen und in erster Linie in die Ausbildung eingreifen musste. Es ist eine Realität, die wir nicht leugnen können. Auch im geweihten Leben hat es nicht an solchen Fällen gefehlt. Ein Ordensmann hat mir berichtet, dass er bei einer kanonischen Visitation in einer der Provinzen seiner Kongregation sehr überrascht gewesen sei. Er hatte gesehen, dass es gute Leute unter den Studenten gab und dass sogar einige Ordensmänner, die bereits die Profess abgelegt hatten, homosexuell waren. Er selbst hatte Zweifel, was dieses Problem betrifft, und fragte mich, ob daran etwas schlecht sei: »Letzten Endes«, so sagte er, »ist es doch gar nicht so schlimm, sondern nur ein Ausdruck von Affektivität.« Das ist ein Irrtum. Es ist nicht nur ein Ausdruck von Affektivität. Im geweihten Leben und im priesterlichen Leben hat eine solche Form der Affektivität keinen Platz. Daher empfiehlt die Kirche, Menschen mit dieser tief verwurzelten Neigung nicht zum Priesteramt oder zum geweihten Leben zuzulassen. Das Priesteramt oder das geweihte Leben ist nicht der richtige Ort für sie. Homosexuelle Priester, Ordensmänner und Ordensfrauen müssen dringend dazu angehalten werden, den Zölibat in vollem Umfang zu leben. Und vor allem müssen sie ganz besonders verantwortungsbewusst sein und dafür Sorge tragen, bei ihren Gemeinschaften und im heiligen gläubigen Volk Gottes nie Anstoß zu erregen, indem sie ein Doppelleben führen. Es ist besser, das Priesteramt oder ihr geweihtes Leben aufzugeben als ein Doppelleben zu führen.

Was nun die ständige Weiterbildung betrifft, so scheint es von Seiten der Kongregation für die Institute des geweihten Lebens und die Gesellschaften des apostolischen Lebens eine gewisse Besorgnis über Fälle von Ordensmännern und Ordensfrauen zu geben, die nach der Profess das geweihte Leben oder das Priesteramt aufgeben. Wie kann man die ständige Weiterbildung unterstützen? Wie kann man helfen, die Berufung in Zeiten von Krisen und Schwierigkeiten aufrechtzuerhalten?

Ich komme noch einmal auf die vier Grundpfeiler zurück, über die wir gesprochen haben: Gebet, Gemeinschaftsleben, Studium und Apostolat. Die Unterstützung muss in diese vier Richtungen gehen, aber immer unter Begleitung. Der Ordensmann oder die Ordensfrau muss dafür sorgen, mit einem Weggefährten oder einer Weggefährtin unterwegs zu sein, die älter und erfahrener sind. Es ist notwendig, Gesellschaft zu haben. Es ist notwendig, um die Gnade zu bitten, begleiten, zuhören zu können. Eines der größten Probleme, denen ein Provinzoberer oder eine Provinzoberin im geweihten Leben begegnet, besteht oft darin zu sehen, dass ein Bruder oder eine Schwester allein ist, allein unterwegs ist. Was ist los? Keiner begleitet ihn? Letztlich kann man im geweihten Leben weder wachsen noch ausgebildet werden ohne einen Menschen, der dich begleitet.

Man muss schauen, dass kein Ordensmann und keine Ordensfrau allein unterwegs ist. Und das lässt sich natürlich nicht improvisieren. Man muss sich schon im Noviziat daran gewöhnen. Es ist gut, sich daran zu gewöhnen, denn wer keine gute Gesellschaft hat, sucht sich vielleicht schlechte Gesellschaft. Allein kann man nicht unterwegs sein. Eine geweihte Person muss eine solche Gesellschaft suchen, sie annehmen … Eine Gesellschaft, die ein Gegenüber darstellt, die zuhören kann. Es ist vielleicht nicht einfach, die ideale Person zu finden, aber es gibt immer jemanden, der ein wenig als »älterer Bruder« fungieren kann, mit dem man reden und dem man sich anvertrauen kann.

Der Weg des Dialogs

Viele unserer Gemeinschaften haben Mitglieder aus verschiedenen Generationen und auch aus verschiedenen Kulturen ... Wie kann man aus dieser Vielfalt in den Gemeinschaften einen wahren Reichtum machen?

Ja, die Vielfalt ist Reichtum, solange wir in einer Eintracht leben, die über das hinausgeht, was immer in jeder Gruppe von Menschen vorhanden ist, Parteilichkeit: »Ich halte zu Apollos, ich zu Paulus, ich zu Petrus ...« Der Weg ist der Dialog oder, wenn man so will, der Dialog ist der Weg. Paul VI. hat uns viel über den Dialog gelehrt. Mit viel Weitsicht und Tiefe hat er in der Enzyklika *Ecclesiam suam* diese Frage behandelt. Und auch der Dialog ist eine Kunst, die man schon in der Ausbildung lernt. Gute Ausbilder müssen den jungen geweihten Personen helfen, die Kunst des Dialogs und der Entscheidungsfindung gemeinsam zu lernen: Das hilft, Ordnung in die verschiedenen Gesichtspunkte zu bringen und Eintracht herzustellen. Pater Arrupe hat es uns Jesuiten immer wieder ans Herz gelegt: die gemeinsame Entscheidungsfindung und das »Apostolat des Zuhörens«. Es gibt viele Priester, Ordensmänner und Ordensfrauen, die nicht zuhören können. Und ich frage mich: Wenn du deinem Bruder oder deiner Schwester, die dir nahe sind, nicht zuhören kannst, wie willst du dann Gott zuhören, den du nicht direkt vor dir hast? Zuhören zu können ist grundlegend. Wenn du keine Geduld mit deinem Bruder hast, wie willst du dann Geduld mit dem Herrn haben, der sich zuweilen rarmacht und lange Zeit nicht spricht?

Der heilige Ignatius von Loyola hat zu Beginn der Geistlichen Übungen, unter der Nummer 22, die sogenannte »Vorbemerkung«, die mehr oder weniger so lautet: Wenn du meinst, dass jemand dir etwas sagen will, was falsch ist oder nicht mit der Lehre übereinstimmt, dann frage ihn zunächst, wie er es versteht, warum er es sagt. Wenn es dich nicht zufriedenstellt, suche dir einen anderen Bruder und fragt ihn gemeinsam. Du darfst dich nicht fürchten, du musst einen Dialog führen und zuhören können.

Man muss sich dem Leben stellen wie es kommt. Ein Bild, das wir heute benutzen können, wenn wir von einem Zeugen des Evangeliums sprechen, sei es ein Priester, ein Ordensmann oder eine Ordensfrau, ist das des Torwarts, das ich vorhin gebraucht habe. Im Fußball hält der Torwart die Strafstöße dort, wohin sie geschossen werden. Man kann keine Bedingungen stellen: »Schieß den Ball hierher, damit ich ihn halten kann ...« Nein, das Leben schießt die Strafstöße dorthin, wohin sie gelangen. Du musst die Wirklichkeit nehmen, wie sie kommt, und dann sehen, wie man die Dinge in die rechte Bahn leitet, Lösungen findet. Der Dialog ist notwendig, zuhören, Entscheidungen finden können ...

Nehmt euch in Acht vor der Wirklichkeit!

Sie haben bei verschiedenen Gelegenheiten über geistliche Weltlichkeit gesprochen. Immer warnen Sie das geweihte Leben davor: Ist es eine echte Gefahr für das geweihte Leben?

Der Theologe Henri de Lubac spricht darüber im letzten Kapitel seines Buches *Betrachtung über die Kirche* (1953). In Wahrheit stammt der Ausdruck nicht von ihm. Er hat ihn übernommen von Dom Ansgar Vonier, einem deutschen Benediktiner, der mehr als 30 Jahre lang Abt einer Abtei in England war.[18] Es ist ein Ausdruck, der sehr gut wiedergibt, was ich für eine der großen Versuchungen halte, denen die Kirche neben dem Klerikalismus ausgesetzt ist. Beide Versuchungen bringen die Kirche dazu, sich in sich selbst zu verschließen, sich von innen her abzuschotten und sich in eine selbstbezogene Kirche zu verwandeln, die unfähig wird, fruchtbar zu sein. Und diese Versuchung gibt es auch im geweihten Leben.

In welchem Sinne?

Das Weltliche haftet dir an. Es bedarf einer großen Askese, die aus der Liebe zu Jesus und aus der Betrachtung Jesu hervorgeht, um ihm nicht zu erliegen. Es gibt Ordensleute, die im Grunde nicht wissen, ob sie geweihte Personen oder Laien sind. Ich meine nicht die äußeren

Zeichen, die Kleidung. Das ist etwas Relatives. Es kann vorhanden sein oder auch nicht. Es gibt Priester und sogar Bischöfe, die Soutane tragen und trotzdem in großer Heuchelei leben, weil sie im Grunde ein weltliches Herz haben. Andere Kleriker kleiden sich einfach, verzichten manchmal ganz auf klerikale Gewänder, und haben eine sehr große Liebe zu Jesus. Es kommt immer darauf an. Ich glaube, dass das Zeichen zweifellos guttut, aber ich klammere mich nicht daran. Man muss jeden einzelnen Fall betrachten. Man kann einen Habit oder klerikale Kleidung tragen und trotzdem weltlich sein.

Gestatte mir, dass ich dir noch eine weitere Anekdote erzähle. Der Bischof, der mir von den homosexuellen Priestern berichtet hat, die er in seiner Diözese entdeckt hatte, erzählte mir auch, dass er im *Euroclero*[19] ein Hemd kaufen wollte und dort einem jungen Priester begegnete, der wohl nicht einmal 25 Jahre alt war. Er sah sich verschiedene Dinge an, die ihm im Laden gezeigt wurden. Er probierte sie an. Er probierte einen klerikalen Umhang mit zwei silbernen Medaillons an und betrachtete sich im Spiegel an, um zu sehen, wie er ihm stand … Ein junger Mann. Der Bischof schaute ihn an und konnte es nicht glauben. Danach probierte er einen Hut auf, einen sogenannten *Saturno*, und der Bischof kam aus dem Staunen nicht heraus. Nun ja, dieser junge Mann mit all den klerikalen Gewändern war weltlicher als jeder andere Priester, der Jesus liebt, auch wenn er in Hemdsärmeln geht.

Vor einigen Tagen hat man mir gesagt, dass ich dafür kritisiert worden sei, dass ich zu einer Gruppe junger Priester, die in der Gesellschaft Jesu in der Ausbildung tätig sind, gesagt habe, dass die Jesuiten früher, wenn sie zum Papst oder zum Generaloberen gingen, Soutane und *Manteo*[20] trugen, und dass dies heute gottlob nicht mehr so sei. Ich denke, es genügt, wenn sie ordentlich gekleidet kommen, mit Würde. Ein einfaches Kollarhemd genügt; man muss nicht mit *Manteo* kommen, um den Papst zu sehen. Einige, die diese Gebräuche zu sehr verteidigen, sind sogar darin weltlich. Der Klerikalismus kommt manchmal auch in diesen Formen der Weltlichkeit zum Ausdruck.

Die Weltlichkeit ist eine Frage der Maßstäbe, auch der Maßstäbe des Handelns, des Lebens, der Betrachtung; mehr zur Welt als zum Herrn gehören. Im Grunde bedeutet es, die Dinge nach weltlichen Maßstäben zu bewerten. Außerdem ist es etwas, das sich unter dem Schein des Guten versteckt. Aber … Achtung: Jesus hat uns eindeutig aufgetragen, für die Welt Sorge zu tragen. De Lubac spricht von der geistlichen Weltlichkeit als einer radikal anthropozentrischen Haltung. Sie stellt sich als Loslösung von der anderen Weltlichkeit dar, aber in Wahrheit sucht sie nicht die Ehre des Herrn, sondern die menschliche Ehre. Erinnere dich an das Gebet Jesu beim Letzten Abendmahl: »Nimm sie nicht von der Welt, sondern bewahre sie vor dem Geist der Welt …« Die Maßstäbe der Welt statt der Maßstäbe Jesu anzunehmen, ist genau das Gegenteil von dem, was das Ordensleben bedeutet.

Das Gemeinschaftsleben

Glauben Sie, dass das Gemeinschaftsleben weiterhin ein Zeichen sein kann, das auf junge Menschen anziehend wirkt?

Ja, natürlich. Aber nur, wenn das brüderliche Leben wahrhaftig ist. Wenn man heuchlerisch lebt, dann nicht. Dann wird es nicht zum Zeichen, sondern zum Gegenzeichen. Wir dürfen im Gemeinschaftsleben nie heuchlerisch leben.

Ich denke beispielsweise an Schwester Geneviève: Sie ist eine Kleine Schwester Jesu, eine Französin, die in den kommenden Tagen ihr 50. Ordensjubiläum feiert. Seit 47 Jahren lebt sie in einem Wohnwagen, gegenwärtig im *Luna Park*, einem Vergnügungspark in Ostia, in der Nähe von Rom, mit zwei weiteren Schwestern. Sie sind eine Gemeinschaft von drei Kleinen Schwestern Jesu, die bei den Armen leben.

Sie haben sich seinerzeit den Wagen hergerichtet. Dort haben sie ihr Schlafzimmer, die Kochnische, die Kapelle mit dem Allerheiligsten … alles ist da. Die Menschen lieben sie. Sie und die Gemeinschaft. Wehe, jemand rührt die Schwestern an! Die Artisten, Sinti und Roma, und die Schausteller lieben sie. Dieses Gemeinschaftsleben ist wirklich ein Zeugnis. Kongregationen wie diese, inspiriert am Leben von Charles de Foucauld, die ihre Berufung als geweihte Personen mit Intensität und Freude leben, sind zweifellos in der Lage, andere mit der Freude am Gemeinschaftsleben anzustecken. Ich nenne dieses Beispiel, aber es gibt noch viele weitere.

Schon mehrmals haben Sie den Klatsch als »Terrorismus« im Gemeinschaftsleben angeprangert: Wie kann man die Brüderlichkeit besser leben?

Ich glaube, dass es sehr notwendig ist, sich auf die Zunge zu beißen. Für mich ist das ein asketischer Ratschlag, einer der fruchtbarsten für das Gemeinschaftsleben. Bevor du schlecht über einen Bruder oder eine Schwester sprichst, beiß dir auf die Zunge. Wenn du deinen Bruder zurechtweisen willst, oder wenn es etwas gibt, mit dem du nicht einverstanden bist, dann geh hin und sag es ihm. Und wenn du es ihm nicht sagen kannst, dann berichte es diskret jemandem, der Abhilfe schaffen kann: der zuständigen Autorität, dem Oberen oder der Oberin. Und sonst niemandem. Aber klatsche nicht über die Brüder und Schwestern.

Der Dienst der Autorität

Was die Oberen betrifft: Glauben Sie, dass ihre Rolle sich heute verändert hat?

Ja, ich würde sagen, dass sie sich verändert hat, zum Besseren. Zweifellos hat die Autorität heute einen anderen

Stellenwert. Das glaube ich. Heute hört man mehr zu, gibt es mehr Entscheidungsfindung.

Ich erzähle dir noch eine Anekdote. Sie ist wahr. Ein Ordensmann hat sie mir einmal erzählt, schon vor vielen Jahren. Vielleicht veranschaulicht sie ein wenig, was ich meine: Die Mutter dieses jungen Ordensmannes war krank. Es ging ihr ziemlich schlecht. In der Gemeinschaft wurde die kanonische Visitation durchgeführt, und der junge Mann bat den Provinzial, ihn in die Gemeinschaft der Stadt zu versetzen, in der seine Mutter lebte, um näher bei ihr zu sein. Es war offensichtlich, dass sie nur noch wenige Monate zu leben hatte, und so würde er sie öfter sehen und besuchen und auch seine Angehörigen ein wenig entlasten und helfen können, wo es möglich war.

Der Provinzial empfing ihn und hörte ihn an. Dann sagte er zu ihm: »Nun ja, ich werde ein wenig darüber nachdenken und entscheiden, was das Beste ist«. Der Ordensmann machte sich große Sorgen. Er war noch kein Priester. Er war noch im Studium. Nach dem Abendessen blieb er in jener Nacht eine ganze Weile in der Kapelle und betete. Der Provinzial brach am frühen Morgen auf. Als der junge Mann in sein Zimmer zurückkehrte, war es schon ziemlich spät. Er war also lange im Gebet verweilt. An seiner Tür fand er einen Brief des Provinzials. Früher war es so, dass der Provinzial bei seinem Aufbruch dem *Minister*[21] Briefe oder Anweisungen gab, falls ein Wechsel stattfinden sollte. Der *Minister* war für die Verteilung der Schreiben und Botschaften des Provinzials zuständig. Heute wird es nicht mehr so gemacht, sondern es wird mehr miteinander gesprochen. Es stellte sich heraus, dass der Brief, den er an der Tür des jungen Mannes hinterlassen hatte, das Datum des folgenden Tages trug und in etwa so lautete: »Ich habe das, was du mir gestern gesagt hast, aufmerksam angehört. Nachdem ich die Heilige Messe gefeiert und lange vor dem Tabernakel um eine Entscheidung gerungen habe, bin ich zu dem Schluss gekommen, dass es besser ist, wenn zu hierbleibst.«

Das war eine schreckliche Heuchelei! Der Brief war unmittelbar nach dem Gespräch mit dem jungen Mann geschrieben worden, ohne eine wirkliche Entscheidungsfindung und ohne sich irgendwie zu bemühen. Was er in dem Schreiben sagte, war eine reine Lüge. Der *Minister* verteilte die Briefe an alle und meinte, sie würden schon schlafen und sie erst am folgenden Tag lesen, aber … Eine echte Lüge! Das geht nicht. Dieser Ordensmann blieb zwar trotz allem seiner Berufung treu, aber ich weiß, dass es sehr viel Mühe gekostet hat, ihn voranzubringen und ihm wieder Auftrieb zu geben.

Heute passiert das nicht mehr, Gott sei Dank. Die geweihten Personen sprechen mit ihren Oberen oder Oberinnen mehr auf Augenhöhe, in einer gesünderen, brüderlichen Form. Wenn Obere mit einer solchen doppelzüngigen Heuchelei vorgehen, das geht nicht. Heuchelei ist in keiner Weise akzeptabel. Zweifellos haben wir uns zum Besseren verändert. Das Bewusstsein von Autorität und Gehorsam hat sich verändert; diese haben einen neuen Stellenwert bekommen.

Fallen Ihnen drei Tugenden ein, die ein guter Oberer oder eine gute Oberin heute besitzen sollten?

Ich denke, dass wir statt von Tugenden lieber von Haltungen sprechen sollten. Es könnten diese drei sein: beten, den Bruder lieben und ihm zuhören. Trage vor allem Sorge für deine Brüder oder Schwestern. Ohne das gibt es nichts. Andererseits muss die Person, die der Gemeinschaft durch die Autorität dient, eine Person mit einem Gebetsleben und einer Frömmigkeit sein, die sie dahin führt, auch bei ihren Brüdern oder Schwestern immer das Gefühl der Kindschaft, der Zugehörigkeit zu einer Ordensfamilie, zum Charisma, zu den Traditionen des Instituts und letztlich zur Kirche zu stärken. Wenn ein Oberer oder eine Oberin vergisst, dass er oder sie ein Sohn oder eine Tochter ist, weiß er oder sie nicht, wie man Vater, Mutter, Freund oder Bruder sein kann. Wer kein Kind ist, kann kein Vater – oder, im Falle einer Frau, keine Mutter – sein.

Die Armut mit Freude

Was die Armut im geweihten Leben in der heutigen Zeit betrifft, wo muss sie besonders bemerkbar sein?

In allem. Die Armut ist besonders für das geweihte Leben entscheidend. Sie muss in allem bemerkbar sein. Die Menschen sehen es: Der ist arm, die ist arm. Er hat keine überflüssigen Dinge, er lebt nicht im Überfluss. Vorher habe ich erwähnt, dass der heilige Ignatius gesagt hat, dass die Armut Mutter sei. Er meinte damit, dass sie dich als Mutter zum geistlichen Leben geboren werden lässt. Das heißt, dass sie dich hervorbringt und dich dazu bringt, den einzigen Reichtum zu suchen: das, worum der Herr dich bittet. Es ist der Reichtum zu entdecken, dass man für den Dienst lebt. Das ist der wahre Reichtum des Gemeinschaftslebens, der Reichtum der Dinge des Evangeliums. Natürlich sind Güter notwendig, aber Armut hilft, näher beim Herrn zu leben. Es gibt jedoch immer die Versuchung, sich Hintertürchen offen zu halten …

Man muss auch achtgeben, dass man nicht einer gewissen Ideologisierung der Armut verfällt. Ich meine, dass manchmal viel von ihr geredet und sie wenig gelebt wird. Man stellt Theorien dazu auf, die jedoch von unseren Maßstäben und unserem Handeln nicht wirklich begleitet werden. Armut muss man leben, und man muss sie mit Freude leben. Man lebt sie mit Freude und feiert sie.

Die Armen haben, wenn du genau hinschaust, eine beeindruckende Fähigkeit, Feste zu feiern. Sie verlieren die Freude nicht, auch nicht in der bittersten Armut. Das bewegt mich zutiefst. Darum glaube ich, dass wir unsere Armut mit Natürlichkeit, mit Einfachheit leben und aufrichtig Sorge tragen müssen für jene, die im Leben benachteiligt sind. Armut bedeutet, im konkreten Dienst an den Brüdern zu stehen, sich zu engagieren und zu dienen und dabei einfach zu leben, ohne künstliche Bedürfnisse, in Harmonie mit der Schöpfung und mit dem wachen Bewusstsein, dass es Millionen von Menschen gibt, die mit weniger als dem, was gerecht ist, leben oder besser gesagt überleben.

Die Fruchtbarkeit im geweihten Leben

Könnten Sie die Frage der Fruchtbarkeit des geweihten Lebens, über die sie mehrfach gesprochen haben, etwas vertiefen?

Ich greife Isaak von Stellas Idee über Maria, die Kirche und die Seele noch einmal auf. In diesem Sinne würde ich sagen, dass das geweihte Leben im Weiblichen fruchtbar ist. Ebenso wie die Kirche weiblich ist, wir sagen *die* Kirche, nicht *der* Kirche, ist auch das geweihte Leben im Weiblichen fruchtbar. Das geweihte Leben ist weiblich. Zu den geweihten Frauen sage ich oft, dass sie eine zweifache Verantwortung tragen, neben ihrer eigenen: Sie sind das Bild der Kirche und sie sind das Bild der Jungfrau Maria. Das geweihte Leben liegt in der Linie des Weiblichen in der Kirche. Was wir also über die Kirche, über Maria und über die eigene Seele sagen, das sagen wir auch über das geweihte Leben.

So verstehe ich die Frage der Fruchtbarkeit des geweihten Lebens. Viele Frauen, wenn sie nach dem Platz oder der Rolle der Frau in der Kirche fragen, bestehen immer wieder darauf, dass den Frauen dieses oder jenes Amt, diese oder jene Funktion übertragen werden sollte … Gewiss müssen wir auch hier größere Fortschritte machen, aber ich glaube nicht, dass der Weg über die Funktionen das Problem löst. Das Problem der Frau in der Kirche und auch des weiblichen geweihten Lebens wird durch den Weg der Weiblichkeit, den Weg Marias, gelöst werden.

Hans Urs von Balthasar hat von zwei Prinzipien gesprochen: dem petrinischen Prinzip und dem marianischen Prinzip. Die Kirche ist Frau. Die Kirche ist Braut. In der Heiligen Schrift kommt es sehr deutlich zum Ausdruck. Das geweihte Leben ist mehr mit dieser bräutlichen unentgeltlichen Hingabe verbunden. Auch die geweihten Männer müssen das leben, aber auf eine andere Weise. Es ist nicht so sehr eine Frage des Tuns, sondern der Treue. Dem Bräutigam treu sein. Die Treue ist einer der großen Werte und Prinzipien des geweihten Lebens. Natürlich muss jeder Christ treu sein; ein Weltpriester muss auch treu sein, aber für das geweihte Leben ist die Treue, so könnte man sagen, gleichsam die entscheidende Grundlage.

Ich sage noch einmal: Wir alle müssen treu sein, aber das geweihte Leben muss diese Treue gewissermaßen auf besondere Weise zeigen, denn es besitzt eindeutig einen bräutlichen Charakter.

[Unser Gespräch dauert jetzt schon fast drei Stunden. Wir machen eine kleine Pause, um das Bad aufzusuchen und um etwas Wasser zu trinken. Der Papst sagt mir, dass er täglich zwei Liter Wasser trinke, aber Wasser mit Zimmertemperatur. Seit seiner Lungenoperation trinkt er kein kaltes Wasser mehr. Ich erkundige mich nach seiner Gesundheit, und er antwortet, dass es ihm sehr gut gehe. Er sei so gesund wie ein junger Mann seines Alters. Das scheint in der Tat so zu sein. Wir sitzen schon lange Zeit im Gespräch, und ich, der ich noch nicht einmal 50 bin, spüre die Müdigkeit mehr als er, der schon über 80 ist].

Sich vertrauensvoll
der Zukunft öffnen

Geh vor mir und sei untadelig

Einige unterscheiden zwischen verschiedenen nachkonzilia-ren Zeiten, die sich durch verschiedene Optionen der Kirche auszeichnen: Option für die Armen (Medellín), Option für die Evangelisierung, Option für die globale Brüderlichkeit (Beginn des neuen Jahrtausends, die Bedeutung der Begegnungen in Assisi …). Welche Option, wenn man es so sagen kann, müssen wir heute in der Kirche hervorheben? Welchen Beitrag kann das geweihte Leben in diesem Zusammenhang leisten?

Ich würde es nicht wagen, jetzt von einer klaren Option für unsere Zeit zu sprechen. Ich glaube, dass die vielleicht einfachste Antwort in meinem letzten Apostolischen Schreiben, *Gaudete et exsultate*, geschrieben steht. Ich habe dort die Worte aus dem Buch Genesis in Erinnerung gerufen, als der Herr zu Abraham sagte: »Wandle vor mir und sei vollkommen!«[22] Das heißt, es geht darum, vor Gott unterwegs zu sein, zu spüren, dass wir dorthin gehen, wohin er uns führt, und uns von seiner Verheißung leiten zu lassen. Das muss die Grundlage jeder gegenwärtigen Option in der Kirche sein. Mit ihm gehen und tun, was er uns aufträgt. Unterwegs sein, immer unterwegs sein.

Ich würde dies als Kernoption für das geweihte Leben in der heutigen Zeit hervorheben. Wenn das geweihte Leben nicht unterwegs ist, dann hat es verloren. Wenn es nicht vor Gott geht, hat es verloren. Und wenn es unterwegs ist, ohne nach mehr, ohne nach Vollkommenheit zu streben, ohne »untadelig« zu sein, dann hat es auch verloren. Danach ergreift man die verschiedenen Optionen. Unter ihnen befindet sich natürlich die Option für die Armen. Diese stehen im Mittelpunkt des Evangeliums. Niemand kann davon ausgenommen werden. Es gab vielleicht einmal eine Zeit, in der dies betont werden musste, da es etwas in Vergessenheit geraten zu sein schien, aber heute ist es etwas Unbestreitbares. Ich glaube, dass die Grundlage jeder wahren Option des geweihten Lebens diese Worte sind: »Wandle vor mir und sei volkommen.«

Der Zukunft begegnen

Viele Kongregationen und Institute denken heute darüber nach, wie sie sich am besten neu organisieren oder umstrukturieren können und treffen diesbezüglich Entscheidungen. In letzter Zeit ist von Transformationsprozessen die Rede: Wo sollte man heute den Schwerpunkt setzen, um diese Veränderungen durchzuführen? Welchen Horizont sollte man im Blick haben, wenn es darum geht, echte Transformationsprozesse in Angriff zu nehmen?

Der Horizont, den wir meiner Meinung nach immer im Blick haben müssen, ist die Kirche, die auf ihren Bräutigam wartet. Es ist die Heilige Mutter Kirche, ihre Glieder, die so auf den Horizont blicken: »Ich warte. Komm, Herr Jesus.« Das ist der Horizont, das Kommen des Herrn, der es in jedem Moment verwirklichen kann. Es ist die Hoffnung auf den Herrn, der kommt, der wiederkehrt.

Ich glaube, das ist ein Punkt, den wir ein wenig vernachlässigen. Die eschatologische Dimension des geweihten Lebens ist wichtig. Es bedeutet, so zu leben, »als ob« … »schon jetzt, aber noch nicht«. Das muss der Horizont sein, in dem wir leben. Es bedeutet, in Erwartung dieser Hoffnung zu leben, während wir die Zeichen der Zeit deuten. Denk daran, wie Jesus im Evangelium dem Volk vorwirft, dass es die Zeichen nicht zu deuten vermag: »Ihr versteht nicht, wie man die Zeiten erkennt. Wenn ihr seht, dass der Feigenbaum beginnt, Blätter zu treiben, dann sagt ihr: »Der Frühling ist nahe« …, aber ihr erkennt nicht die Zeichen der Zeit«, sagt Jesus zu ihnen.[23]

Wir müssen auf diesen eschatologischen Horizont zugehen, auf dieses beständige »Komm, Herr Jesus«, das uns erwartet, mit der Entscheidungsfindung als Teil dieses Weges.

Und was sollte in diesem Umstrukturierungsprozess, den heute fast alle Kongregationen durchführen, an erster Stelle stehen?

Aus der beschriebenen eschatologischen Sichtweise heraus muss zweifellos die Sendung an erster Stelle stehen. Ein geweihtes Leben, das die Sendung, für die es entstanden ist, nicht gut integriert, verliert auf seinem Weg natürlich die Orientierung. Die Sendung ist es, die dich unterwegs sein lässt, vor dem Herrn, auf diesen Horizont hin. Es ist eine grundlegende Sichtweise. Du musst dich fragen: Wer gibt dir die Sendung? Wer hat dein Charisma erweckt und die Weise, diese Sendung durchzuführen? Von wem empfängst du die Sendung? Das ist das Entscheidende.

Die Sendung muss auf einen immer größeren Horizont ausgerichtet sein. Es geht nicht so sehr um die Organisation. Wichtig ist die Spiritualität, die jede Umstrukturierung oder Erneuerung in den Ordensgemeinschaften leiten muss. Bei einem Bruder aus deiner Gemeinschaft, Kardinal Bocos, gibt es einen Ausdruck – ich glaube, er ist von Antonio Tabucchi übernommen –, den ich besonders mag. Ich habe ihn in der zweiten Auflage seines Buches[24] gelesen. Er spricht davon, der »Zukunft zu begegnen«. Der Zukunft begegnen bedeutet, diesem Horizont der Erwartung zu begegnen und dem zu begegnen, was in der Geschichte kommen wird. Ich mag diesen Ausdruck sehr. Genau darum geht es: sich aufzuraffen, seine

Nase dort hineinzustecken. Und nicht nur in der Gegenwart verhaftet zu bleiben. Natürlich müssen wir die Gegenwart untersuchen und im Hinblick auf die Gegenwart Entscheidungen treffen, aber wir müssen es auch wagen, der Zukunft zu begegnen, ohne unsere Erinnerung zu verlieren.

Wieder scheint die Bedeutung der Erinnerung auf …

Ja, das Thema der Erinnerung und der Wurzeln ist wichtig. Es ist ein Thema, das ich immer wieder betonen möchte. Es erscheint mir wichtig und dringend, in der Gesellschaft ganz allgemein, aber besonders im Hinblick auf das geweihte Leben. Der Dialog zwischen den Generationen ist heute von grundlegender Bedeutung. Er ist notwendig, um sich richtig zu fokussieren, denn man kann nicht gut in die Zukunft schauen, wenn man nicht zur Wurzel zurückgeht und mit den Älteren spricht. Es ist eine entscheidende Frage. Ich glaube mich zu erinnern, dass ich es in der letzten Predigt am Tag des geweihten Lebens gesagt habe. Es kann keine wirkliche Prophetie ohne Erinnerung geben. Der Dialog zwischen alten und jungen Menschen ist wichtig. Und das löst man nicht, indem man die alten Menschen in eine Krankenstation verlegt. Manchmal gibt es vielleicht keine andere Möglichkeit, aber ich würde sagen: »In Ordnung, aber sende einen jungen Mann, der sich um sie kümmert.« Ich glaube, dass es ideal ist, wenn die älteren geweihten Personen in den Gemeinschaften leben, denn wenn sie großherzig sind und keine Nabelschau betreiben oder sich nur um die eigenen Gebrechen kümmern, sind es Menschen, die den Dialog fördern, und das bringt einen unendlichen Reichtum mit sich.

In der Heiligen Schrift sagt der Prophet Joël: »Euere Alten werden Träume haben und euere jungen Männer Visionen«[25] Wenn du die Alten ausschließt, dann schließt du mit ihnen ihre Fähigkeit zum Träumen aus, und dann werden die jungen Männer gar keine Visionen haben, da sie nichts empfangen. Wenn der junge Mann mit dem Alten unterwegs ist — bestimmt kannst du das in deiner eigenen Gemeinschaft sehen —, dann ist der Alte voll Begeisterung, durchlebt die Dinge noch einmal, träumt und redet, erzählt. Der junge Mann begegnet Dingen, die er nicht erwartet hat, und erschafft in der Zukunft neu, was er empfängt. Die Geschichte, die die Alten erlebt haben, ist die Wurzel, die den Baum zum Blühen bringt.

Ich glaube, dass das geweihte Leben das heute braucht. Die gegenwärtige Kultur muss diesen Dialog mit ihren Wurzeln wiederherstellen. Wir leben in einer vielleicht zu »flüssigen« Gesellschaft, in der die jüngeren Generationen ihre Wurzeln verlieren. Ich habe bei mehr als einer Gelegenheit gesagt, dass ich Angst habe, dass die jungen Menschen ohne Wurzeln aufwachsen. Der kürzlich verstorbene Philosoph Zygmunt Bauman, der so viel über unsere heutige flüssige Kultur gesprochen hat, spricht in seinem letzten Buch – das zuerst auf Italienisch erschienen ist – von den *Nati liquidi (flüssig Geborenen)*. Die deutsche Ausgabe des Buches übersetzt es mit *Die Entwurzelten*. Die jungen Menschen von heute sind durch die flüssige Gesellschaft entwurzelt. Ich denke, wir müssen unsere Nase dort wieder hineinstecken und uns für den Dialog zwischen den Generationen einsetzen, um die Wurzeln zu retten und sie nicht zu verlieren. Sie sind notwendig. Wir müssen den Dialog wiederherstellen, ich würde sogar sagen, operativ. Es ist etwas sehr Wichtiges. Wir müssen den jungen Menschen sagen, dass sie mit den Alten reden müssen, um den Traum der Alten und die Vision der Jungen zu fördern. So werden die Visionen Wurzeln haben und nicht flüssig, keine nutzlosen Luftschlösser sein. Wir kommen noch rechtzeitig.

Entscheidungsfindung der Hirten

Einige Hirten beklagen sich, dass die Institute bei der Durchführung dieser Prozesse die konkreten Ortskirchen und ihre Hirten kaum in Betracht ziehen. Die Personen des geweihten Lebens feiern ihre Kapitel und Versammlungen (manchmal sind ihre Provinzen diözesenübergreifend) und entscheiden, wie sie strukturiert werden sollen. Dann informieren sie ihre Bischöfe, dass sie beschlossen haben, diese oder jene Gemeinschaft aufzulösen oder dass sie dieses oder jenes neue Projekt durchführen wollen: Wie können wir die-

se Spannung zwischen dem eigenen Charisma und den Be-
dürfnissen der Welt und der Ortskirchen besser zusammen-
bringen?

Natürlich muss das geweihte Leben in den Kapiteln und
Versammlungen eine Entscheidungsfindung über sein
Leben und seine Sendung vornehmen. Aber die Entscheidungsfindung darf nicht aus der Luft gegriffen sein,
sondern muss immer am konkreten Leben orientiert
sein. Und wenn wir in einem Kapitel über eine Gemeinschaft oder ein Apostolat entscheiden müssen, müssen
wir eine ernsthafte Entscheidungsfindung durchführen,
die alle Gründe und Gegebenheiten berücksichtigt. Die
Entscheidungsfindung darf nicht nur von uns selbst aus-
gehen. Wir müssen mit den Ortsbischöfen sprechen und
sie in jede Entscheidungsfindung einbeziehen. Wir können sie nicht ausschließen.

Die Autonomie der Tätigkeit muss für einige Fragen des
geweihten Lebens richtig verstanden werden. Wir müssen sie immer im Rahmen des Wohls der ganzen Kirche
verstehen. Wir müssen die Hirten in unsere Entscheidungsfindung einbeziehen. Gewiss gibt es auch Fälle, in
denen die Hirten nicht in der Lage sind, eine Entscheidungsfindung durchzuführen. Es gibt auch geweihte Personen, die sich in dieser Hinsicht als unfähig erweisen.
Ich würde sagen, dass man in diesen Fällen tun muss, was
man kann, aber die Ortsbischöfe müssen bei der Auswahl der Dienste und der zukünftigen Optionen der ge-

weithen Personen in ihren Diözesen immer einbezogen werden, ganz gleich, ob sie zur Entscheidungsfindung fähig sind oder nicht. Vor allem dann, wenn es sich um tiefgreifende und wichtige Veränderungen handelt.

Die Ortsbischöfe müssen immer einbezogen werden. Man kann sich nicht mit einem kurzen Schreiben an sie wenden, in dem steht: »Nächstes Jahr gehen wir weg.« Mit welchem Recht? Oder, wie einige es tun, die sagen: »Wir verlassen die Pfarrgemeinde, aber wir bleiben an der Schule«. Mit welchem Recht? Es kann sein, dass man bei der Entscheidungsfindung mit dem Hirten nicht zu einer zufriedenstellenden Einigung gelangt, aber bei dieser Entscheidungsfindung dürfen sie nie ausgeschlossen bleiben.

Die Gültigkeit der Mission »ad gentes«

Ihren Worten ist eine besondere Bewunderung für die Missionare zu entnehmen. In vielen Breitengraden sind sie nach wie vor die Vorhut der Kirche. Was würden Sie Ihnen sagen? Ist die »missio ad gentes« noch wichtig?

Ja. Wenn wir von Mission sprechen, sprechen wir von einem breiter angelegten Konzept als der Mission »ad gentes«, aber die Mission »ad gentes« ist immer noch sehr wichtig. Und zwar in dem Maße, in dem das geweihte Leben und die Gemeinschaften vor Ort inkulturiert werden – und nicht, wenn sie als »Hausherren« auftreten, um den anderen importierte Normen und Formen des Lebens und des Glaubens zu diktieren, denen man sich unterwerfen und gehorchen muss. Ich komme noch einmal auf die Person jener Ordensfrau aus der Zentralafrikanischen Republik zurück, über die wir vorhin gesprochen haben, auf jene 84-jährige Hebamme. Sie ist ein eindeutiges Beispiel für die Inkulturation. Sie ist eine italienische Ordensfrau, geboren in Brescia, die seit ihrem 22. oder 24. Lebensjahr dort lebt. Sie ist inkulturiert.

Die Ordensgemeinschaften können nicht in andere Länder gehen, ohne auf ein wenig von sich selbst zu verzichten, sonst laufen sie Gefahr, nicht inkulturiert zu werden und weder der Evangelisierung noch den Menschen Gutes zu tun.

Ich erinnere mich an eine weibliche Kongregation deutscher Herkunft, die nach Buenos Aires kam und die als interne Sprache Deutsch benutzte. Jede junge Frau, die dort eintrat, musste Deutsch lernen. »Bitte …«, dachte ich, »werdet euch bewusst, dass ihr in Buenos Aires seid, lernt *Porteño.*«[26] Und ich ermutigte sie, *Porteño* zu sprechen. Nachher wird man sehen, ob eine Frau, die eintritt, auch Deutsch sprechen muss, aber hier muss man sprechen »wie Gott es gebietet« [Er lächelt]. Es ist notwendig, inkulturiert zu werden, die Kultur anzunehmen. Ohne Kultur kann man nicht missionieren. In dieser Hinsicht war das Dokument von *Puebla* sehr deutlich, ebenso wie das Apostolische Schreiben *Evangelii nuntiandi* von Paul VI., zweifellos das wichtigste pastorale Dokument der Nachkonzilszeit. Ich glaube, dass es eine konkrete und offensichtliche Aktualität bewahrt. Die Mission »ad gentes« ist auch weiterhin wichtig, aber man darf nie die gesunde Inkulturation aus den Augen verlieren, die nie vergisst, dass das Evangelium in die Kultur integriert werden muss, von den Kategorien her, die jeder Kultur zu eigen sind und die gewissenhaft geachtet werden müssen, ohne Proselytismus zu betreiben. Die wahre Evangelisierung geht den Weg des Zeugnisses. Ich habe es schon bei anderen Gelegenheiten gesagt: Anziehungskraft ja, Proselytismus nein.

Gemeinsame Sendung

In den Instituten des geweihten Lebens ist immer mehr die Rede von einer gemeinsamen Sendung, von der Arbeit mit ihnen nahestehenden Laien in charismatischen Familien. Einige sagen, dass man angesichts der Überalterung und der Schwierigkeiten, in denen wir uns befinden, gleichsam »aus der Not eine Tugend macht«. Wie sehen Sie das?

Mag sein, aber ich glaube, das ist ein guter Weg. Vor allem, wenn es gut gemacht ist. Vorhin habe ich über die Brüder der christlichen Schulen gesprochen. Sie haben ihre Laien gut ausgebildet, im Charisma, in der Spiritualität und in der Mission.

Als wir über die Werke sprachen, habe ich gesagt, dass ein klares Zeichen für ihre Vitalität die Tatsache ist, dass sie in der Lage sind, Laien zusammenzuführen, die sich für die Sendung einsetzen, die dort durchgeführt wird. Zweifellos müssen wir die Laien, die mit den verschiedenen Kongregationen und mit den geweihten Personen zusammenarbeiten, ermutigen und ausbilden, aber wir müssen sie auch in Werke und Einrichtungen berufen, die bedeutsam sein können. Die pastorale Fürsorge, die wir gegenüber diesen Laien üben müssen, muss so weit gehen, dass wir niemanden ohne Ausbildung und ohne ein deutliches Gefühl der Zugehörigkeit lassen. Wir müssen Einrichtungen und Werke schaffen, die in der Lage sind, diese charismatische Zugehörigkeit hervorzurufen.

Andererseits ist diese Frage in der Kirche nicht neu. In der Geschichte gibt es die Drittorden der franziskanischen und der dominikanischen Familie ... Die heilige Rosa von Lima zum Beispiel gehörte dem Drittorden der Dominikaner an.

Der Bereich der Bildung

Was die Grenzgebiete und Randgebiete betrifft, in die die geweihten Personen besonders berufen sind, so haben Sie bei verschiedenen Gelegenheiten die Bedeutung des Bereichs der Bildung in der Schule und in der universitären Welt hervorgehoben: Könnten Sie auf diese Frage etwas näher eingehen?

Ich denke, es ist offensichtlich. Findest du nicht, dass Unwissenheit ein großes Problem ist? Unwissenheit ist das Reich des Satans. Ich sage es so, wie ich es meine. Der Teufel bewegt sich immer in der Finsternis. Und wo Unwissenheit ist, ist Finsternis, Mangel an Licht und Klarheit. Dort das Licht hinzustellen und für Bildung zu sorgen bedeutet, das Gute im Menschen wachsen zu lassen und den Teufel auszutreiben. Ich glaube zutiefst an den Teufel. Ich glaube nicht nur, dass er existiert. Ich fühle sehr stark, dass er lebendig ist. Ich denke, er fühlt sich dort, wo Unwissenheit herrscht, am wohlsten. So bewegt er sich: in Betrug und Unwissenheit, wenn man sich vom Licht der Wahrheit entfernt. Darum scheint mir der existenzielle Bereich von Kultur und Bildung so wichtig. All das muss einen großen Stellenwert haben, auch im eschatologischen Sinne des Kampfes zwischen Gut und Böse. Denn Bildung ist immer ein Gewinn. Das Wahre, das Gute und das Schöne kommt von Gott. Dort zu gewinnen bedeutet, für Gott zu gewinnen. Wer ungebildet ist und seine Fähigkeiten zum Guten, zum Wahren und zum Schönen nicht steigert, bleibt dem Teufel überlassen.

Es gibt Leute, die diese Fähigkeiten ersetzen wollen: das Gute durch einen Ethizismus (einen Ethizismus ohne das Gute), das Wahre durch einen »Kasuitismus« (Kasuistik), das Schöne durch künstliche Schminke ... Wenn du nicht kämpfst, wird der böse Geist diese Dinge benutzen, um dich in die Irre zu führen.

Bilden bedeutet also, Elemente zu geben, um zu siegen. Solange die Bildung richtig verstanden wird. Bildung besteht nicht darin, die Köpfe der Kinder mit Begriffen zu füllen. Nein, das ist nicht gut. Wahre Bildung muss ein Gleichgewicht zwischen den drei menschlichen Sprachen schaffen: der Sprache des Geistes, der Sprache des Herzens und der Sprache der Hände.

Es geht um die Unterweisung darin, gut zu denken, sich gut zu fühlen und gut zu arbeiten. Und das in koordinierter Form, so dass jemand denkt, was er fühlt und tut; dass er fühlt, was er denkt und tut; und dass er tut, was er fühlt und denkt. Alles gut koordiniert. Das ist Bildung.

[Was er gerade gesagt hat, erscheint mir wie ein Zungenbrecher. Der Papst beweist eine überraschende mentale Flexibilität und auch eine nicht alltägliche Fähigkeit, wichtige Dinge in einfacher Form zu erläutern: immer mit Bildern, Beispielen, Geschichten, die helfen, die Geschehnisse zu verstehen …

Ich sage zu Franziskus, dass die Argentinier von ihrem Naturell her geistreich und scharfsinnig sind und aus diesem Grund alle Preise im Bereich der Werbung auf internationaler Ebene gewinnen. Er sagt, dass er glaubt, dass dieses Naturell der Argentinier die Frucht der Emigration ist, die die Menschen stets vorangetrieben hat. Und er erzählt mir einen Witz über die Argentinier, der besagt, dass das beste Geschäft der Welt darin besteht, einen Argentinier für seinen Wert zu kaufen und ihn dann für das zu verkaufen, was er sagt, dass er wert sei. Wir lachen und machen noch etwas weiter. Ich weise Franziskus darauf hin, dass wir fast am Ende angekommen sind.]

Dienen ja – Dienstmägde nein

Über 75 Prozent des geweihten Lebens ist weiblich. Die Frau nimmt einen immer bedeutenderen Platz in der Kirche ein, aber sicher liegt vor uns noch ein weiter Weg: Was lässt sich dazu sagen, in Bezug auf das geweihte Leben?

Ich habe es bereits bei anderen Gelegenheiten gesagt. Die Ordensfrau ist, ebenso wie die Männer, berufen worden, um zu dienen. Unsere Aufgabe ist das Dienen. Wir müssen das Dienen großschreiben. Leider hat es sich in der kollektiven Vorstellungswelt jedoch zu Unrecht durchgesetzt, Ordensfrauen als *zweitrangig* zu betrachten, und manchmal hat man sie wie Dienstmägde behandelt. Wenn ich zum Beispiel sehe, dass es Kleriker gibt, die zwei oder drei Ordensfrauen in ihren Diensten haben – auch wenn sie angemessen bezahlt werden –, während viele andere Frauen Arbeit suchen, das gefällt mir nicht. Ich würde zu ihnen sagen: »Sag den Schwestern, dass sie wieder in ihrer Kongregation arbeiten sollen, wie es ihrem Charisma entspricht, und machen Sie die Stelle frei für andere Menschen, die Hausarbeiten erledigen können.« Ich denke, das sind tief im Inneren die Überreste einer gewissen »Fürstenmentalität«, die wir hier drin haben [er zeigt auf seinen Kopf]. Diese Mentalität ist nicht richtig. Wenn man Ordensfrauen als Personal für einen bestimmten Dienst benutzt, der ihr nicht zukommt, dann verwehrt man ihnen vielleicht die eigene Berufung und das eigene Charisma.

Ich glaube wirklich, dass wir uns dahin bewegen müssen, der Frau in der Welt und auch in der Kirche immer größere Würde zu verleihen. In Gleichheit fortschreiten ist etwas Gutes. Aber jene Ordensfrauen, die einen männlichen Stil annehmen, überzeugen mich auch nicht. Man muss nicht aufhören, eine Frau zu sein, um gleichgestellt zu sein.

Laudato si'!

Eine letzte Frage: Sie haben uns durch »Laudato si'« zu einer ökologischen Umkehr aufgerufen. Das jüngere geweihte Leben ist vielleicht für diese Dimension stärker sensibilisiert: Können Sie etwas zu den Auswirkungen dieser Dimension auf das geweihte Leben eingehen?

Wie du weißt, beginnt mit diesen beiden Worten *Laudato si'* ein Loblied des heiligen Franziskus. Das ökologische Problem begann ausdrücklich schon mit ihm, mit dem heiligen Franziskus selbst. Es ist die dem Evangelium entsprechende ökologische Dimension, dass jedem Geschöpf das gegeben werden muss, was ihm zusteht. Wenn

wir als geweihte Personen diese Dimension der Bruder-
schaft mit der ganzen Schöpfung verlieren, »verbürgerli-
chen« wir im gesellschaftspolitischen Sinne des Wortes.
Am Ende sind wir dann vielleicht eine Aristokratie, die
von der globalen Brüderlichkeit weit entfernt ist. Darum
sind in *Laudato si'* die Armen so wichtig. Man hat *Laudato si'* als grüne Enzyklika bezeichnet, aber ich würde sagen, dass es in erster Linie eine Sozialenzyklika ist.

Eine echte Option für die Armen ist auch eine Option
für die Schöpfung. Wir sind aufgerufen, uns stärker bewusst zu werden, dass die Bewahrung der Schöpfung
im Grunde bedeutet, uns bewusst zu werden, dass alles neu gemacht wird. Es ist die Verheißung der Heiligen Schrift, im Buch der Offenbarung, wo der Herr zu
uns sagt: »Seht, ich mache alles neu.«[27] Der Herr kommt
und macht alles neu. Das ist die Erlösung. In der Litur-
gie heißt es, dass Gott in der Schöpfung wunderbar war,
aber dass er noch wunderbarer in der Neuschöpfung, in
der Erlösung war. Es gibt eine ganze Dynamik der Erlösung in der geschaffenen Welt. Wir sind aufgerufen, ihr
treu zu sein und die Welt nicht zu gebrauchen, um sie zu
zerstören. Der heilige Franziskus selbst, das Franziskaner-
tum im Allgemeinen, hat ein großes Bewusstsein dafür
geschaffen. Wir müssen dieses Bewusstsein wiedererlan-
gen. Ich glaube, dass die ökologische Bildung entscheidend ist und sich deutlich in der Form niederschlägt, wie
die Armut im geweihten Leben im Einklang mit der ganzen Schöpfung verstanden und gelebt wird.

Gibt es nach diesem langen Gespräch noch irgendeine weitere Frage, oder möchten Sie irgendetwas noch einmal deutlich hervorheben?

Nichts weiter, Fernando. Es hat mir Freude gemacht, all das mit dir zu teilen. Ich danke dir für deine Fragen und diese lange Zeit, die wir miteinander verbracht haben. Ich weiß nicht, wie du Ordnung in dieses ganze Chaos bringen willst. Das musst du sehen. Den geweihten Personen, die das lesen werden, möchte ich nur Eines sagen: dass sie ihre Berufung mit Freude leben mögen, denn dort liegt ihre Kraft. Und ich bitte sie, nicht zu vergessen, für mich zu beten. Ich brauche es.

***

Ich schalte das Aufnahmegerät aus und vereinbare mit dem Heiligen Vater, wie wir vorgehen werden, um alles, was aus dem Gespräch hervorgegangen ist, zu transkribieren und zu editieren. Wir haben fast vier Stunden lang miteinander gesprochen, und Franziskus ist immer noch in der Stimmung, weiter zu reden. Und zwar jetzt über andere Dinge. Er erzählt mir einen weiteren Witz über die Argentinier und trägt mir ausdrückliche Grüße an seinen Freund und Verleger in Buenos Aires auf, *el Gordo* Larrazábal. Weitere Themen kommen zur Sprache, auch über Bekannte, gemeinsame Freunde … Ich bin beeindruckt, wie gut der Papst über die Kirche in Spanien informiert ist. Er kennt sie bis ins Detail. Offensichtlich weiß er viel mehr als das, was er in der Zeitschrift *Vida Nueva* liest, »die hierher geliefert wird und die ich regelmäßig lese«, wie er mir berichtet. Als wir das Gespräch beendet haben, schenkt Franziskus mir einige Bücher und reicht mir eine Tüte: »Nimm auch diese ›Kleinode‹ mit, um sie bei dir zu verteilen.« Verschiedene Bilder und Rosenkränze, über die sich meine Freunde sicher freuen werden. Ich bitte ihn, einige Bücher für Freunde zu signieren, und er macht es gerne.

Wir stehen auf, und der Papst hilft mir wieder mit der Jacke. Ich bin überwältigt von Franziskus' Feinfühligkeit und Schlichtheit. An der Tür zu seinem Zimmer verewigt Urs, der Schweizergardist, der mich empfangen hat, die Begegnung, indem er ein paar Fotos macht, ohne sein Lächeln zu verlieren. Ich fühle, dass ich seine Zeit und sein Vertrauen ein wenig missbraucht habe, aber ich merke, dass der Papst trotz der Ermüdung durch das lange Gespräch glücklich ist und zufrieden zu sein scheint. Wie beim letzten Mal begleitet er mich zum Aufzug und entlässt mich, indem er mir Grüße an Kardinal Bocos aufträgt. Ich umarme ihn, küsse seine Hand und wünsche ihm alles Gute für den Apostolischen Besuch, der ihn Ende des Monats in Dublin erwartet. Er sagt ganz einfach zu mir: »Wenn Gott will, sehen wir uns wieder. Hör nicht auf, für mich zu beten.«

***

Als ich *Santa Marta* verlasse, ist es nicht mehr so heiß. Die Sonne geht gerade unter. Die Begegnung mit dem Papst war wirklich außerordentlich. Eine Flut von Empfindungen und Gefühlen bricht über mich herein. Ich durfte in dem Gespräch einen Mann erleben, der ein Gigant und gleichzeitig ganz einfach ist, einen Mann Gottes, begeistert und realistisch zugleich. Ein geweihter Mensch, wie ich, wie viele tausend andere Menschen, die glücklich leben, indem sie in dieser Form Jesus nachfolgen und der Kirche, den Brüdern und Schwestern dienen: alte Menschen und jüngere Menschen, hier und dort, mit Leidenschaft für das Evangelium. In seinen Worten liegt Wahrheit, Weisheit und Leidenschaft. Franziskus ist ein Mann, der wirklich in Jesus Christus verliebt ist. Das bezeuge ich.

Endnoten

1 Francesca Ambrogetti hat zusammen mit Sergio Rubín den damaligen Kardinal Bergoglio über einen Zeitraum von anderthalb Jahren hinweg interviewt. Die Frucht dieser Begegnungen und Sitzungen war ein Interviewbuch mit dem Titel *El jesuita* (Vergara, Buenos Aires 2010; dt.: *Papst Franziskus – Mein Leben, mein Weg*, Herder, Freiburg im Breisgau 2013).

2 Vgl. Franziskus (mit A. Spadaro), *Adesso, fate le vostre domande. Conversazioni sulla Chiesa e sul mondo di domani,* Rizzoli, Mailand 2017, S. 6.

3 Franziskus, *Apostolisches Schreiben zum Jahr des geweihten Lebens*, 21. November 2014.

4 Johannes Paul II., *Botschaft anlässlich des Tages des geweihten Lebens*, 2. Februar 2005.

5 *Perfectae caritatis*, 2.

6 »Schließt euch nicht den Unheilpropheten an, die das Ende oder die Sinnlosigkeit des geweihten Lebens in der Kirche unserer Tage verkünden; bekleidet euch vielmehr mit Jesus Christus und legt die Waffen des Lichts an, wie der hl. Paulus mahnt (vgl. Röm 13,11–14), indem ihr wach bleibt und wachsam seid« (Benedikt XVI., *Predigt in der Eucharistiefeier am Tag des geweihten Lebens*, 2. Februar 2013).

7 Franziskus (mit A. Spadaro), *Adesso, fate la vostre domande. Conversazioni sulla Chiesa e sul mondo di domani,* Rizzoli, 2017.

8 Kardinal Cláudio Hummes, der emeritierte Erzbischof von São Paulo (Brasilien), ist Präsident der REPAM: Red Eclesial PanAmazónica und Delegierter des Papstes für ganz Amazonien.

9 Vgl. Franziskus, Apostolisches Schreiben *Gaudete et exsultate* über den Ruf zur Heiligkeit in der Welt von heute (2018).

10 *Throw out the baby with the bathwater*

11 J. M. BERGOGLIO, *Wortmeldung* in der Synode über das geweihte Leben und seine Sendung in Kirche und Welt, XVI. Generalkongregation, 13. Oktober 1994.

12 Deuteronomium 26 ruft die Wohltaten in Erinnerung, die der Herr in der Vergangenheit seinem Volk bereitet hat: »Ein heimatloser Aramäer war mein Vater. (…) Als uns dann die Ägypter schlecht behandelten und unterdrückten und uns harten Frondienst auferlegten, schrien wir zum Herrn, dem Gott unserer Väter, und der Herr hörte auf unser Rufen und sah unser Elend, unsere Mühsal und Bedrängnis. Und der Herr führte uns aus Ägypten weg mit starker Hand (…). Er brachte uns an diesen Ort und gab uns dieses Land, ein Land, das von Milch und Honig fließt.«

13 Lesehore am Samstag der zweiten Woche im Advent.

14 Marko Ivan Rupnik SJ, Künstler, Theologe und Schriftsteller, der durch die Herstellung von Mosaiken weltbekannt geworden ist. Er ist Mitglied das Päpstlichen Rates für die Kultur.

15 Aquilino Bocos Merino CMF, ehemaliger Generaloberer der Claretiner-Missionare, Erzbischof von Urusi, wurde von Papst Franziskus im Konsistorium vom 28. Juni 2018 zum Kardinal der katholischen Kirche kreiert.

16 Verlag Universidad del Salvador, 1992.

17 Es handelt sich dabei um eine projektive Technik und Methode der Psychodiagnostik, die von Hermann Rorschach (1884-1922) entwickelt wurde. Er besteht aus einer Reihe von Bildtafeln, auf denen Tintenkleckse abgebildet sind, die sich durch Mehrdeutigkeit und mangelnde Strukturierung auszeichnen.

18 Dom Ansgar Vonier (geboren 1875 in Biberach) war Abt der Abtei von Buckfast (Devon, Vereinigtes Königreich) von 1906 bis zu seinem Tod im Jahre 1938.

19 *Euroclero*: ein Geschäft für klerikale Kleidung und religiöse Artikel in der Nähe des Petersplatzes beim Vatikan.

20 Manteo: weiter Umhang mit Kragen, den Kleriker über der Soutane trugen.

21 Minister: die Person, die den Oberen bei dessen Abwesenheit vertritt.

22 Gen 17,1.

23 Vgl. Mt 16,3; 24,32.

24 Bocos, A., *Un relato del Espíritu. La vida consagrada postconciliar*, Publicaciones Claretianas, Madrid ²2018.

25 Joël 3,1.

26 *Porteño*: der Dialekt der argentinischen Stadt Buenos Aires.

27 Vgl. Offb 21,5.

Über die Autoren

Foto © dpa

Papst Franziskus, Jorge Mario Bergoglio, geb. 1936, seit dem 13. März 2013 Bischof von Rom. Der argentinische Jesuit ist Sohn einer siebenköpfigen Familie italienischer Auswanderer, 1973 bis 1979 Provinzial der argentinischen Jesuiten, von 1998 bis 2013 Erzbischof von Buenos Aires.

Foto © Privat

Fernando Prado, geb. 1969, ist Claretinerpater und Direktor der »Publicaciones Claretianas«. Er lehrt außerdem an verschiedenen Universitäten und Instituten in Madrid und beobachtet seit Jahrzehnten den Vatikan und Kirche.